社会福祉原論読本

川上昌子 著

学文社

はじめに

　本書は，社会調査をもとに社会福祉に関連することがらについての考えを述べたものの中で，印刷物となったものを集録した小冊子である．特に，社会福祉改革が進められることとなった1980年代以降に書いたものを中心に集めている．その実証研究の問題意識としてあったのは，1つは福祉改革の検討，もう1つは改革と関連するが「福祉サービス」の社会福祉の中での位置づけの問題である．この2つの点が，社会福祉学科の教員として淑徳大学で教鞭をとる中で，社会福祉原論の講義や公的扶助論の講義において追究せざるを得ない課題であったからである．

　ここに集録している論文や報告書や時評などは，実証研究として実施した社会調査や統計資料の分析に基づいている．調査は，担当教科の1つである社会福祉調査実習において学生達とともに実施してきたものが多い．社会福祉のいわゆる「分野」別に，生活問題や政策課題をテーマとして解明すべく，調査を企画し，実施してきた．

　本書は，いわゆる理論書とはいいがたい．全体が体系だった理論展開となるようにはしていないからである．本の構成は分野別に括っただけの体裁である．しかし，この間の，社会福祉に関連した問題の実態や焦点，さらには，社会福祉の理論化の試みや筆者の視点のエッセンスといえる小論文を集めている．共同研究のものや，5年以内に書いた論文は入れるわけにいかないという制約の中で，選んだものである．

　ここに集めている論文等の内容は，筆者が原論の授業で教材として用いたり，講義の中で，話をわかりやすくするために，事例として紹介したりしているものである．筆者がそうしているように，読者の方に社会福祉原論の理解のための副読本として役立てて頂けるようであれば幸甚であると考える．

　それとともに，本書を作ることを思い立ったもう1つの大きな理由とし

て，調査実習や専門ゼミの授業の一環として調査に参加したかつての学生達へ，また，他の大学からも参加してくださった方々へ，筆者が調査を通して考えたことを，私の方からの「報告書」として提出する必要があると考えたことによる．調査をともにした学生達の協力なしには，これらの実証研究はできなかったといっても過言ではない．私の責任の下に実施した調査のほとんどが訪問面接調査であったが，それへ関わってくださったおそらく千人を超える方々へ心からの感謝の言葉を申し上げたい．

　また，長い期間にわたって，松崎康子先生，大野勇夫先生には調査に協働して頂いた．参加して頂いたという程度ではない御協力を頂いたことへ，心からの感謝を申し上げたい．

　多くの人々の支えがあって，はじめて続けてくることが出来た調査研究であることを明記しておきたいと思う．

　　　2007年2月18日

　　　　　　　　　　　　　　　　　　　　　　　　　　　川上　昌子

目　次

はじめに　i

I　公的扶助 ―――――――――――――――――――1
1　公的扶助の焦点　2
2　都会の中の「餓死」　16
3　生活保護世帯の推移と実態　24
4　参考資料：生活保護統計　40

II　老人福祉 ―――――――――――――――――――45
5　都市における介護問題の現状　46
6　高齢者生活と老後保障　73
7　高齢者実証研究に基づく「非貨幣的ニード」に関する考察　82

III　女性・母子福祉 ―――――――――――――――113
8　女性虐待の経済的側面に関する研究　114
9　離別母子世帯の社会経済的地位について
　　―Y市の離別母子世帯の実態調査，1997年から　128

IV　障害者福祉 ―――――――――――――――――153
10　講演　福祉の仕事と手話通訳―習志野市聴覚障害者実態調査から　154

V　社会福祉と貧困 ―――――――――――――――185
11　社会福祉と貧困　186

おわりに　209

調査一覧　211

I

公的扶助

1　公的扶助の焦点

1. わかりづらいターニング・ポイント

　新年度（1986年度）にあたって，生活保護行政の課題や争点を述べることが，私に与えられたテーマであるが，今日の生活保護をめぐる状況を考えるならば，1986年度という単年度に限定した形で，いくつかの争点や課題について，昨年度のたんなる継続として，追加的に，列挙するということでは済まされまい．というのは，戦後「新生活保護法」として，社会保障制度の一環としての公的扶助制度に性格を改め，その後，よりその実質をもつものへ，非常に不十分ながらも，保護基準や実施要領等の改善が積み重ねられてきたのだが，今年度をはさむ前後数年間は，重大な転換点，さらにすすめていうならば，折り返し点となるかもしれないと思われるのである．

　重大な転換点と記したが，実は，この転回は，表にあらわれている場面の問題よりも目立たない所で進行している部分が重大であり，それは感得しにくいし，内容の性格も把握しづらい．

　ここ2・3年間の最も目立つ保護行政の変化を拾い上げるならば，保護基準の算定方式が格差縮小方式から水準均衡方式へと改変されたこと，国庫補助率が8割から7割へ引き下げられたことであろうが，これら2つを一見しただけでも，臨時行政調査会の答申にそった国庫負担削減をねらいとするものであることは明瞭である．

　だが，ここで折り返し点といったのは，生活保護関係の財政規模の量的縮小がはかられていることを指してだけではない．高度成長期において，社会福祉財政は総花的に膨張した面もあり，保護制度が発足した時代と現在（1986年）とでは社会環境の変化があるのも確かである．現在に即した整理や手直しが行われるというのであれば，異論を述べるべきことではない．保護基準の算定方式の変更や補助率の切り下げといった思い切った改革案であ

るにもかかわらず，強力な反対運動がおこらないのは，現在の状況に即した整理や手直しの一面があり，全般的な財政困難の中ではある程度の後退は仕方がないと受けとめられているのかもしれない．

　戦後の生活保護の歴史の中で，転換点ということがしきりといわれたのは，むしろ1970年度の『厚生白書』が生活保護層の変質を指摘し，それに即した保護行政への改革を主張した時であろう．そして，それに呼応する形で，福祉事務所の「センター構想」が打ち出されたことは記憶されている方も多いと思う．非常にセンセーショナルであった「センター構想」は貧困者の減少と非稼働世帯化という基本的対象理解のうえにたって，社会福祉サービスの重視とそのための機構改革＝福祉事務所の解体と再編成の必要を主張したのである．センター構想は，そのまま実現のプログラムに乗せられたわけではないが，生活保護以外の福祉五法の強化は同趣旨のものといえるだろう．つまり，福祉サービス強化とひきかえに，一般的な公的扶助制度としての生活保護行政の後退の是認は，この当時から進められてきたことである．したがって，ここ2～3年の後退もその流れの中に含みこまれるにすぎないともいえるわけである．

　保護行政の後退といったが，実際の保護行政はどうであったかというと，70年代，特にその前半は福祉と財政の蜜月時代であり，かつてみられなかったほどの拡充の時代であった．保護基準は，毎年10～20％の大幅改訂が行われ，3級地制へ改めて地域格差を縮小し，加算額や種類の増加，資産の活用や保有の緩和，高校の世帯内修学，大学への世帯内分離による修学認可等々と改善が飛躍的に進んでいるようにみえた時期である．

　それをとらえて，あえて，後退というのは，生活保護行政の性格がまさに転換したからである．転換の性格は1970年の実施要領および監査方針が「要看護ケース」の「処遇の充実」を前面に打ち出していることに端的にあらわされている．それは同年の「新経済社会発展計画」にも示されているように，福祉政策の対象とすべきは，経済成長の恩恵からとり残される「社会

的弱者」である老人，母子，障害者であり，そのような人々にたいしてこそ重点的に処遇を充実させるべきであるとする考えである．老人，母子，障害者等の要看護ケースにたいして加算の増額をはじめとして種々の福祉サービスが強化され，保護行政にまとわりついている制止原理もこの場面では緩和されたのだが，同じ1970年の監査方針の中で不正受給の防止が最も優先するものとして第1位にかかげられている．つまり，1970年の保護行政の転換は，公的扶助の一般的拡大による普遍主義の確立ではなく，特定の者＝社会的弱者の救済を意図する選別主義の強化であったのである．そのことは保護率が17次改訂以後の保護基準の毎年10～20％にも及ぶアップ率にもかかわらず，一貫して低落傾向を示してきたことが物語っている．

2. 生活保護行政の現況

以上に述べたように，基本的性格の転換はかなり以前にはじまっていたのだが，財政削減の要請の中で，そのかくされていた性格が浮き上がってきたということである．

それでは財政削減の要請の中で，どのような新たな事態が生じているか．生活保護の経費を見積る計算式を最も単純化するならば「保護基準×被保護人員」となるだろう．前項の保護基準に関しては，1984年度より水準均衡方式に算定方式が改められたことをすでにのべた．それはこれまでのように一般の消費支出水準への段階的格差縮小はなくなったが，格差がほぼ6割の水準に固定されたのであって，一般の水準が上昇すれば保護基準も原則としては上昇するということである．最低生活保障（ナショナルミニマム）の基準の算定方式としての妥当性の問題は残るとしても，財政削減の方策としては控えめですらある．

それにたいして，むしろ注目すべきは後者の項にかかわる保護人員削減をめぐる状況ではなかろうか．

1975年には，早くも「要看護ケース」の処遇の充実は，保護行政指導，

監査の主眼事項から姿を消して，かわりに「自立助長選定ケース」を定めて，鋭意，自立＝廃止につとめることに変更された．まず，稼働年齢層（特に20～50歳の男子で傷病のため保護受給している者）に焦点があてられ，医者による病状及び稼働能力の診断に基づく就労の指導が強化された．つづいて，照準をあてられてきたのが母子世帯である．母子世帯は，70年代前半では，経済の高度成長の恩恵を享受できない者として厚遇される対象であったはずであるが，今や育児よりは稼働能力の活用の方が優先されることになった．窓口規制が比較的緩やかなのは，高齢世帯と障害世帯となり，稼働能力をまったく期待しようがない者にますます限定され，選別はさらに進行している．

話を母子世帯に戻すと，生別母子世帯は，離別した夫の子供への扶養義務の履行について家庭裁判所へ調停または審判の申立てをするように指導される．廃止局面で行われることは，当然ながら開始の局面でも同様に行われる．所得および資産の調査がより厳密に実施されるようになり，申告された所得や資産の真偽を確かめるための調査の白紙委任状を「同意書」という形でとりつけるようになった．扶養義務者についての調査も徹底化されてきている．

「指導」という言葉を，保護行政で用いられているままに記したが，指導というよりは命令に近いものであり，文書を用いた有無をいわせないものになりつつある．そして福祉事務所の現業員の仕事は年々増加している監査事項にしばられた内容に限定され，自由裁量の余地は縮小してきているということである．これらのことは，暴力団にたいする「不正受給」の摘発のための福祉事務所をあげての組織的取り組みの奨励を皮切りに一般化してきた，いわゆる適正実施の方法である．

以上は，申請が受理されたとしての話しである．さらに自己取り下げや，生活保護の受給希望をもって福祉事務所を訪れた者が，申請に至らないままになることが多くなっているようである．母子世帯は2度手続き上の事由で

帰らせれば，3度目はこないとの話を聞いた．手続きが複雑化すればするほど，むずかしい条件がつけられればつけられるほど，保護は受けづらくなる．

　保護の受給を抑制するメカニズムが，このようにより強固なものに作りあげられているということである．そのようなメカニズムを作りあげていくにあたって，前面に打ち出されているのは，新生活保護法の目的の「自立助長」と「保護の補足性の原理」である．同じく新生活保護法の目的として規定されている「最低生活の保障の原理」や「無差別平等の原理」ではない．「自立助長」の解釈・適用には，ケースワークの援助や保護を受けながら日常生活の精神的自立性を確保する等の福祉的処遇を含みうるはずである．だが，それが保護の補足性の原理と結合させられた時，自立助長は廃止を目的として廃止と結びつかなければならないばかりではなく，さらに逆転して，廃止こそ自立助長であると歪曲され，現業員の任務は廃止ケースを増やすことに集中することになる．各福祉事務所管区の保護の動向について，つねに自己の福祉事務所と他とを比較し，内部点検をするように指導されるような状況の中では，上記の傾向が強められるのはいうまでもない．

3. 適正化実施の社会的影響

　以上の状況をふまえて，いくつかの論点をあげてみたい．第1は，適正実施とは「真に保護を必要とする者」の保護をすることとされていることの社会的影響や意味である．適正実施のために厳格となった所得調査，資産調査，扶養調査等は，かの悪名高いワークハウステストを想起させる．強制労働を直接的に強いられるわけではもちろんないが，テストに耐えた者のみが保護をうけられる点は共通しているといえないだろうか．所得調査，資産調査，扶養調査が厳格であればあるほどスティグマを生起させ，強めることは，保護受給者の心理的特徴を理解する者ならば，だれでも承知していることである．

しかも開始時だけではなく保護を受給している間中，きびしい監視のもとに置かれるわけである．6年ほど前に，廃止世帯の調査を実施した折に，保護を廃止して1番よかったことは何かと質問したところ，福祉事務所のワーカーの干渉をうけないで自由に生活できることを筆頭にあげる者がほとんどであった．

　このような生活保護を受給している者にたいする監視は近隣住民によっても行われてきた．いわゆる「タレコミ」であるが，国民の生活水準の平均が上昇していた高度成長期においても，途絶えることはなかったようである．まして昨今のようなマスコミをあげての受給者非難の攻勢下では，監視はさらに強められることになるだろう．このような状況がつくられてくると，不正受給者は所期の目的通りに減少するかもしれないが，「真に保護を必要とする者」までも排除することになる．不況下であるにもかかわらず，被保護人員は微増傾向にとどまっていたが，さらに対前年同月比でみて，1984年11月を境として減少に転じ，保護率も低下してきている．[1]「真に保護を必要とする者」を排除していないといえるだろうか．

　公的扶助の近代化にとって，資産調査（ミーンズテスト）から所得調査への転換が不可欠の条件とされるのは，資産調査が劣等処遇を意味するからだけではない．スティグマを払拭し，保護受給権を一般化するための必須条件だからである．社会保障の先進国では所得調査へ転換した国が多いが，わが国では明確な切りかえはなく，1970年前後頃には資産調査の厳格さがゆるめられ，やや所得調査に近づいたようにみえたが，近年では上記してきたような厳格さをとりもどしてしまった．

　第2は，保護受給者の構成および保護受給者を取りまく低所得層がこうむる影響の問題である．いま進行している適正化が保護受給者として，稼働能力や稼働条件のないものを選別していることは前述したが，稼働能力の有無を判別する基準は，一定の客観的基準としてアプリオリにあるわけではない．ひと時代前には稼働能力がないと判断されていたものが，現在はあると

いうように，現にかえられてきている．また，社会的な稼働条件の変化もある．乳幼児をかかえる母が稼働可とされるか，あるいはされないかとか，医療扶助受給者の場合，病類が変化し，軽作業ならば稼働可と診断される人が増加してきているが重筋的な肉体労働の経験しかない人たちにとって，事務系の軽作業の就労場面を探すことは非常に困難な高度化社会となっている．

このように稼働能力や稼働条件を判定する，あるいは規定する基準は，任意性や労働市場における需要の可動性をはらむものであり一定不変ではない．所得・資産・扶養といったいわば外形的な条件の要件だけでなく，稼働能力や稼働条件も保護の要件と関係し，その基準の任意性や可動性により，受給者の人数や構成を変化させる．したがって基準が厳しい方向へ動けば人員は減少し，どのようなものを受給可の要件とするかによって保護者の内部構成が変化する．

ところで，以上のことによる人員の減少や構成員の変化は，一次的結果である．ここでもっと注目したいのは，以下に述べる2次的結果についてである．保護受給を拒否された生活困窮者（直接的であれ間接的であれ）は，さしあたり，必死に生きるための手だてをさぐれば何とかなるかもしれない．たとえば母子世帯の場合10万円程度の通常のパート賃金では生活ができないが，保育施設つきの風俗営業で働けば収入はふえる．同じ皿洗いのパートでも，昼間ではなく，夜間になるとはるかに1時間当たりの賃金は高い．そのようなところで働くことにすれば，生活保護に「依存」する必要はなくなるかもしれないが，風俗営業で働いたり，夜間就労することは，確実に母と子の生活をむしばんでいくことになる．そして，もっと深刻な生活破壊・人格破壊の問題として，生活保護，その他の福祉の窓口にあらわれることになる．そのような複雑な問題をかかえた，やっかいな人々で保護者が構成されるようになろう．

現代の生活困窮の特徴は，低位の生活にひたすらたえるという形で一定の状況にとどまっているよりも，それを契機として坂をころがっていくように

さらに転落し，全面的な生活破壊へ導かれがちである．生活困窮への不十分な対応は，その状況に陥る個々人の不幸と，深刻な問題としてあらわれた時の解決の困難さをつくりだすことになる．「飢餓のムチ」は，あるときには勤労意欲をかきたてるが，そううまくいく時ばかりではない．

ところで，公的扶助制度は，社会保険が貧困の予防策であるのにたいして，貧困からの救済策であるというように一般に理解されてきている．両者の関係や相違の基本的理解としてはそれは正しいが，公的扶助制度もまた，予防的機能をもつことを知る必要がある．保護基準が低いレベルの生活しか保障できない場合とか，漏給がいちじるしい場合には，貧困は拡散することになり，最も極端な姿をとって顕在化することになると予想される．現在の大都市における浮浪者（homeless）の増加は，現行の福祉政策のシステムがそこまでいたる以前にその人々にたいして作動しなかったことの結果をあらわしているだろう．

われわれが，廃止世帯の実態調査を1976年に実施した時，最も意外に思った点は，短期間の保護受給者が多いことであった．何らかの原因が発生した時から保護を受給するまでに至る時間も短縮されてきているが，保護を受給して廃止に到るまでも短い．高齢世帯，母子世帯は比較的に長いが，その他の一般世帯は1年未満が6割である．[2]

そして，廃止の時には，ケースワーカーによる濃密なケースワークサービスによってはじめて更生できたケースよりも，傷病の治癒後あっけないぐらいに自力で仕事をみつけ，保護を脱している場合が多かった．このような人たちにとって生活保護は一時的な避難所であり，そこで種々の条件を回復させて再出発していくことができている．このような機能をもつ生活保護は，社会的リハビリを促進する制度であり，戦後の生活保護の歴史はそのような機能を拡大させてきたのである．生活保護の間口をせばめ，スティグマを付与し，「自立更生」を強要することは社会的リハビリ機能を損うことにならないかと危惧される．生活保護を貸付け制度へ移行させること等は，以上の

第3に，保護基準の問題というか，生活保護制度が保障する生活水準の問題をとりあげたい．生活保護制度が保障する生活水準というのは保護基準だけによるわけではない．現業員が携帯する生活保護手帳に記載されている保護世帯にたいして給与される一時扶助の金品のリストは多種にわたっている．それらがどれだけ付加されるのか，また「資産」と称されるところの耐久消費財や，住居等の保有・活用の条件によっても生活水準は違ってくることになる．現在，これらが全般にわたって再検討の対象とされ，金額や給付の条件，活用の仕方等の運用について，こまかい見直しが進行中である．

　まず，最も中心となる保護基準についてであるが，格差縮小方式から現行の水準均衡方式へ変えられたことを，前に，ひかえめな削減策であると述べたのであるが，現方式への移行の根拠とされている妥当な水準に到達したとする評価に全面的に同意するわけではない．保護世帯の生活状態は，1960年代までのような赤貧洗うがごとき生活水準でないことは確かである．絶対的貧困の水準からは脱したといえるだろう．だが，妥当な水準如何の評価はむずかしい．現行制度に「水準均衡方式」という名称がつけられていることは周知のことと思うが，均衡というのは，一般国民の消費水準，およびその動向との均衡を意味することと説明されている．[3]

　ところで，後者の動向と均衡は，一般の消費水準の変化率に保護基準の変化率を一致させていくことを意図する方式というように理解することは容易なのだが，前者の一般国民の消費水準との均衡の方はよくわからない．動向を一致させるということは，現存する6割という格差をそのまま固定することを意味し，したがって現在の格差は妥当な格差であると判断したことになる．なぜ6割が妥当なのか．今の格差を固定するには，到達した保護基準のレベルによる現時点の生活が一定の，貧困から離脱した水準に達したことの証明が前提となると思われるが，古典的貧困からの離脱のみならず，現代的貧困との関係も明確に示される必要があろう．古典的な絶対的貧困と抵触し

なければ，いずれの水準に定めても良いというような性質のものではないだろう．上位から下位に至る生活水準というのは，連続したたんなる量的相対的差異ではなく，不連続な質的差異を内に含み，社会生活を不可能とする変節点が存在するという理解に立つべきではなかろうか．

ところで新しい方式が「均衡」という言葉を用いてその特徴が表現されたことは，保護基準が保障する水準の具体的内容よりも「バランス」への配慮に重点を置いていることを示しているように思われる．しばらく前から，保護基準は高すぎるとする批判が現業員の間からまで出るようになっていた．1つには，若い地方公務員の月々の手取り賃金との比較に由来するが[4]，いま1つの面は，地域の貧しい人々の生活実態との比較から生じている批判である．保護基準を厳密にあてはめると，地域ぐるみ保護世帯にしなければならないという．

バランスの問題は，保護基準だけでなく，資産保有や活用の問題としても，つねに行政上の判断基準とされてきた．資産保有は「社会通念上」妥当であるか，地域の実状に即して判断すべきこと（当該地域における7割以上の保有資産に限定）とされている．

このように，国民生活，あるいは地域住民の生活との均衡とか，社会通念とかに一貫して依拠してきているのがわが国の保護行政の特徴である．生活保護の場面くらい，「血税」が強調されるところはない．いまなお生活保護受給者は「被救恤的窮民」の感覚でしかとらえられていないということである．したがって保護基準の水準の妥当性とは，国民の平均的レベルから一定の懸隔があることであり，同等，同質であっては，むしろ均衡を欠くということのようである．

4. 生活保護受給者の特質

現在は，生活保護受給者にたいする認識を根本的にあらためるべき時にいたっているのではなかろうか．

この間の保護行政のあり方の基本にすえられてきたのは，非稼働世帯である．いわゆる「ノンエーブルボディド」こそが保護を真に必要とするものとされてきたのである．それは，保護受給世帯総数にしめる非稼働世帯の割合が1960年の45％，70年の66％，80年の78％と顕著な増加傾向を示し，今や8割にも達している．他方，稼働世帯は量的にみて絶対的にも相対的にもネグリジブルであるというだけではなく，経済の高度成長という社会環境の中では，経済的貧困は解決されてきており，したがって，稼働能力のある者については保護の対象者とすべきではないと考えられている．非稼働世帯の相対的増加が，上に記したような経済成長によるとは，保護世帯の動向を注意深く分析すれば，単純にいえないのだが，そのことの議論は別の機会にゆずることにして，ここでは保護世帯の特質として次の点をおさえることの重要さを指摘したい．

　つまり，保護世帯の母胎となる社会階層の変化である．次にあげる表1-1は，昭和38 (1963) 年と昭和53 (1978) 年の2時点について，保護受給に至る社会階層の移動および無業化の経緯についてみたものである．2つの調査地域は異なっているが，ほぼ同様の性格をもつ大都市地域と考えてよい．

　生活保護にいたる階層転落について，われわれは，これまで一般階層，不安定階層（無業を含む）の2分類を用いてきたが，この表では不安定階層をAとBにさらに区分している．

　このようにAとBに不安定階層を区分するのは，本質的差異としてではなく，不安定階層の細分類としてのものであり，生活保護の母胎の内容の具代的変化をとらえたいからである．不安定階層A，Bともに保護世帯の母胎であり，不安定階層と保護世帯との間に本質的差異はないとする従来の考えを変えるものではない．[5]

　不安定階層のA及びBに各々含めた階層については表の注をみていただきたい．AとBの違いは，AのほうがBよりも，社会階層としてみてより上位であることもだが，より重要な違いは，Aは社会的地位としては一般

表1-1 大都市における生活保護に至る階層転落（男世帯主）

(%)

	1963年			1978年		
	結婚時	保護直前	保護開始時	25歳	保護直前	保護開始時
合計	100.0	100.0	100.0	100.0	100.0	100.0
一般階層	30.6	15.4	9.6	27.9	12.7	1.6
不安定階層A	30.6	21.1	1.9	36.1	26.3	4.7
不安定階層B	34.7	61.5	32.7	22	37.3	10.2
無業	4.1	1.9	55.8	7.3	23.7	83.5

注1：不安定階層A，Bに含まれる階層は以下の通りである．
　　不安定階層A：建設職人，それ以外の職人，工業労働者下，農民，販売サービス労働者，被用職人．
　　不安定階層B：仲介人，産業サービス使用人，賃仕事，家内労働者，日雇，行商露天商，小商人，臨時雇パート，家事使用人，浮動的サービス職業，内職．
注2：1963年は豊島区．1978年は習志野市

階層とは一線を画した不安定性および低所得という特徴をもつが，やや乱暴にいえば転落層ではないという点である．

　さて，表をみていただきたい．1963年と78年と比較して目立つ点は，保護直前の違いである．1963年には，不安定階層A，B併せて83％であり，中でもBが61％を占めているが，78年ではBは37％に減っている．つまり，以前は多くのものが不安定階層Bにまで段階的に転落し，不安定階層Bで長い滞留期間があったが，近年では，不安定階層Bを経由することなしに，不安定階層Aから直接的に保護開始となる者が中心となってきているのである．

　したがって，現在の保護受給者を従来と同様の窮乏層ととらえるのではなく，目下生活困窮の状況にある者ととらえ，対応する視点が求められているといえる．保護行政の現場では，短期受給で流動している者よりも，長期に生活保護を受けている滞留部分やアルコール依存症，精神疾患り病者等で財政負担の大きい者が，特別のケアやサービスを必要とする者として注目され

がちである．

5. 公的責任の確認

　以上述べてきたところから明らかなように，現在の後退状況は，日本の生活保護が救貧制度の域を脱することができず，現代の公的扶助制度に成熟していないところに起因している．1970年頃には貧困はとるにたりないほど稀少化したといわれるようになっていたのが，オイルショック以降の保護率の上昇に遭遇し，それに対抗する形で生活保護費と保護受給者の削減がはかられ「適正化」されることとなった．そのこと自体，貧困の存在とその社会的経済的性格を証明したことになるのではなかろうか．

　生活保護を必要とする者の特質についてはすでにふれたが，1つには，就業や生活が急激に不安定化をつよめてきたことが原因である．傷病や離婚，高齢といったまったく個人的ともいえる事柄が，現代の社会の中でその問題性が増幅してあらわれる．

　また，生活保護を必要とする者の生活保護以前の社会保険その他の一般的施策の適用状況をみると，社会保険給付が切れた者というよりは，もともと，福祉年金や国民健康保険の不十分な給付しか受けられないか，保険加入及び適用がない者である．あるいは1つの職業から他の職業への転業の境目で，つまり，保険のはざまで病気になったというような事情の者である．

　保険や年金が十分である職業についていたか，ついていなかったかは，当人にとってはひとつのめぐり合わせでしかないであろう．労働力の流動化政策のままに，より有利な転職のつもりが逆の結果となることも多い．社会保険によるセーフティネットが不十分であった部分を，特定の個人がかぶるはめになっているともいえるわけである．

　とするならば，公的扶助はそれを十分に補完するセーフティネットにならなければならないのが道理であろう．一人ひとりの個別事情を「要件」として詳細に吟味する救済制度の性格は，克服される方向に改善がすすめられて

しかるべきではなかろうか．現代の貧困に個人の責任がどれほどあるのか，あらためて問う必要があろう．

(『賃金と社会保障』労働旬報社，1986 年 4 月号より)

注)
1) 1985 年 7 月現在で 11.9‰ である．
2) 昭和 58 年「生活保護動態調査報告」．
3) 「保護の手引き」昭和 59 年，社会福祉調査会．
4) 福祉事務所は一般に敬遠される職場になっているので職員の回転が早く，若い新採用者で補充される．
5) 江口英一『現代の「低所得層」』御茶の水書房，1979 年

2　都会の中の「餓死」

1. 老婦人は死を望んだのだろうか

　今,池袋は,渋谷に次いで若者が集う街になってきているという.その東京の繁華街の1つである池袋のJR駅から歩いて行ける距離にあるアパートで,年老いた77歳の女性と,病気のためほとんど寝たきりであった41歳の息子が餓死しているところが隣人の通報で発見された.

　この事件の報道は,事が特異なだけに人々の関心を集めているが,困窮していることを,誰にも,福祉事務所にも訴えなかったのは,その女性の信じている宗教によるところの「人間的にはどうすることもできない」と受けとめる信念によるもので,問題解決のために他に結びつけようとしていく様子がみられなかったということで,自ら望んだ死,というように解釈されているむきがある.はたして,自ら選び望んだ死であっただろうか.残されたB6サイズのコクヨのノートの日記を読むかぎり,彼女にとっては八方ふさがりで手だてがなく,結果として死しかなかったと思うのである.

　この年老いた女性は,まだ体力があり,池袋駅まで歩くことがさほど辛くないほどに元気だった頃には,月に2,3度は池袋に出かけている.
「私は西武の鉄色に白花ガラ入り薄地合ブラウスに,三越のアヅキ色よこガラ入りカーデガン,三越の黒紺厚地スラックス,茶ななめガラ冬コート」(1994年2月23日記)といった特別のおしゃれをして,まず,銀行に行って,お金をおろし,太子堂ではクシダンゴやひなあられなど,西武デパートではおきなこんぶ,ショッピングセンターではえんどう豆というように,お気に入りのお店での買い物は彼女にとって生活のアクセントであり,唯一といってよい楽しみであったようである.

　しかし,お金の逼迫が進むとともに,銀行に振り込まれる2ヵ月分の年金は,全額その月の家賃として不動産屋に持参しなければならず,支払日の

25日の前までに必ず池袋の銀行まで行ってこなければならなくなる．他方，歩行はさらに困難度を増してきており，服装に気を使うことも，お気に入りの品物の買い物もできなくなり，腰を丸め，1歩1歩踏みしめながら，腰と足の痛みに耐えながら，無事行きつき帰れるかと案じつつ，必死の面もちで池袋駅に向かって歩いて行くさまがノートから浮かんでくるのである．

何十年も苦しんできたとも記されている．その苦しさは，必ずしも経済的な事ばかりではなかったかもしれないと思われるが，1985年に最後の住まいとなった池袋のアパートに越してきてのち，夫が病気になり，本人も体調がすぐれず，息子の世話もしなければならないという状況に加えて，金銭的には，収入が国民年金から4万円余，他方で家賃支払いが8万5000円ということで，月々貯金をとりくずしながらの生活であるとするならば，いずれ底をつくことはわかりきっているわけで，生きていることの大変さと先々の不安を「早く死なせて下さい」という言葉として表現し，しばしばノートに書いたとしても不思議はない．しかし，ひと思いに死んだ方がましだと考えることと，生きることを放棄し，実際に死のうとすることとは異なる．

ノートからは極限状態の中でも何とか生きようとしているさまが読み取れる．貯金がなくなってきたとき，電話を処分し5万円余のお金をつくる．しかし，なんとしても家賃の負担が重く，手持ち金はすぐになくなっていくのだが，残り少なくなったお金で少しずつ食べ物を買い，またそれを1日でも長く食べられるように，少しずつ食べていくのである．1日でも長く生きようとしたのであって，自殺したのではない．ただ，どうしたらよいか77歳の女性は相談相手もない中でわからなかったと思われる．

食べ物がほとんどなくなった1996年3月9日に最後といえる文章（日記自体はあと2日書かれているが）を記している．長い文章のすべてを紹介できないが，「最後の最後とはいつの事でせうか．私共自体がもう食べ物がなくなってしまったとは，これ以上は生きておれませんし，現在私共自体が最後の時が来たと思っておりますのに，最後の最後丈がまだ先，先になるのでし

ょうか.……どうか苦しんで来ました私共にわけを教えて下さい.……本当にもう私共の最後は目の前にきております. 何もよい目を受けたいとか,特別になりたいとか子供も私も望んでおりません. 平凡な一生を送らせていただけなかったのは, 何か私共に原因がありましたのでしょう……」と記している. 平凡な一生を望み, 普通に生きたかったのであって, 死に急ぎは決してしなかったこと, 「わけを教えて下さい」というのは, 死ぬしかないことへの不条理を感じていたことの証であり, これらを確認することが, 彼女が意識的に残したと思われる 69 冊中の最後の 10 冊のノートを受けとめる私たちの姿勢でなければならないと思う.

2. 2年間の暮らしぶり

残されたノートは, 1993 年 12 月 24 日から亡くなる直前の 1996 年 3 月 11 日までのものである. 亡くなるほぼ 2 年前からの暮らしぶりを知ることができる.

ノートに記入されている事柄は, 天気, 気温, 自分の体調, 息子の体調, 公共料金の使用料金の通知と納入, 国民年金の通知と銀行での記入と引き出し, 不動産屋への家賃支払い, 毎日新聞と付録の「毎日婦人」が配達されたか, 新聞代の支払い, 買い物については詳細に記されている. それから衣類や布団の管理のこと. そして夫や息子や自分の前世等について考えたことや思い, 物事がうまく運ぶようにという願いと感謝の言葉である. 来訪者についても記されているが, 2 年間に来訪したのは, 敬老金をもってきた町内の人, 水道の修理人, 不動産屋, 新聞配達人と集金人である. 友人も知人も 1 人として訪ねてきた様子はない.

さて, 暮らしぶりであるが, 日誌の初め頃, つまり 2 年前に, すでに普通ではない事柄が多くみられる. たとえば, 入浴や洗髪をしていない. 洗濯機や洗剤を使った洗濯をしていない. 水洗いをしているだけである. テレビをみていない. 国民健康保険料は納めており自分も息子も病気であるにもかかわ

らず病院には一切かかっていない．調理も1994年のお正月の期間ご飯を炊いた以外はしていない．ガスはお茶用に使用するだけである．もちろん冷暖房はない．そのような生活の支出状況は1995年4月で以下のようである．

食費	4万497円	27.1%
新聞書籍台代	3,850円	2.6%
電気代	1,537円	1.0%
ガス代	1,478円	1.0%
水道代	3,068円	2.1%
電話代	1,987円	1.3%
家賃	8万5,000円	56.9%
その他	1万2,015円	8.0%
合計	14万9,432円	100.0%

これをみると，食費率であるエンゲル係数は27％と低いのであるが，一見してわかるように家賃や公共料金といった社会的強制的費用への支払いを優先せざるを得ないから，食費も雑費も切り詰められているのである．豊かだからエンゲル係数が低いのではない．しかも上記したように体調不調から炊事をすることができないために割高になる出来合い品やお菓子を買っての食費額である．いつ頃から炊事ができなくなったかはわからないが，長期間にわたる栄養面のかなりの片寄りが推測できる．筆者と同じ大学の医学博士の先生のご指摘では，本人の体調の不調は，少なくとも栄養失調，中でもカルシウム不足による骨そしょう症が考えられるということである．

以上の支出にたいして，収入は，国民年金の4万200円だけである．2ヵ月分まとめて支給されるため，1月おきに受け取っていた．すでにまともといえない生活形態であっても，ともあれ15万円余のお金が月々蓄えから引き出されなければならない．このアパートへ引っ越してきて以来，稼働収入

はなかったようである．2年目に夫が病気になった後，医療費に「ビックリするように」お金が出ていったという記述がある．しかも少しも良くならなかったというのであるが，ともあれ，引っ越してきたときには，1000万円単位の貯金があったと推測されるのである．そのころには，6本のタンスに入りきれないほどの衣服があったし，買い足しもしたとも記されている．1994年のお正月の準備の仕方や夫の命日のお供えものなどのしきたりをみると，以前は並以上の階層であり平均以上のレベルの生活をしていた家族と思われるのである．

　しかし，たとえいくらかまとまった貯金があったとしても，歳を取って働けず，年金収入が4万円，家賃が8万5,000円では生活できなくなる時がきて当然である．お金がいずれなくなるということに気づき，節約するようになったのは，夫が寝込み，医療費の出費に驚いた1988年ころからのようである．風呂を沸かさないようになり，洗濯も水で揉み洗いをするだけになる．洗剤代と水道代を考えてのことだろう．上の家計の水道代は風呂も沸かさず，洗濯機で洗濯もしない，掃除とお茶と体を拭くだけにしか使っていない金額であるが，その金額でも重い負担に感じられたことと思う．

　このような状況から残された日記は始まっている．

　1994年のはじめには，すでに，かなり切り詰められているのであるが，1995年にはさらに切り詰められていく．食費と雑費がさらに削られ，電気料金が削られ，水の使い方に神経をすり減らす．電気は台所以外は豆電球に換え，朝は早く起き夕方6時には休む．彼女が最後まで止められなかったのは，新聞の購読とお茶を飲む習慣である．茶葉の質は落としていくのだが．最後の1年間の食費は次ページのようである．

1995 年

 3 月 3 万 4,700 円

 4 月 2 万 7,780 円

 5 月 2 万 0,527 円

 6 月 2 万 7,399 円

 7 月 3 万 7,614 円

 8 月 3 万 5,734 円

 9 月 2 万 5,387 円

10 月 1 万 9,213 円

11 月 1 万 7,392 円

12 月 1 万 6,745 円

1996 年

 1 月 2 万 0,821 円

 2 月 2 万 0,987 円

 7月前後の食費の増加が目をひくが，2年前から主食は玄米シリアルやコーンフレークであったが，衰弱した体がそれらを受けつけなくなる．仕方なくお握りや，そば，いなり，豆腐などを買ったからである．体のあちこちにおできができ，息子も鼻の中にかさぶたができ，鼻汁がでて止まらなくなる．ちり紙が買えないため衣服を切って使っていくが，何十枚という服を切ることになる．引っ越してきたとき「ここが最後，裸になる」という啓示をうけたと書いているが，裸になるというのはお金がなくなるということだと思っていたが，本当に何もかもなくなることだったと記している．最後の冬には，布団まで1組になる．布団は息子につかわせ本人は座布団2枚で寝なければならなくなり，カーペットも買えず座布団2枚では足がはみ出し，掛け布団もないので大変に寒いと記している．おそらく1組の布団は，夏の間に寝たきりの息子の汗を吸い，干すことが体力的にできなくなったために，

使い物にならなくなったのであろう．このように生活のあらゆる面が欠乏していったのである．しかしながら，彼女の精神は，最後まで崩れない．70円多く受け取ったお釣りを，痛いからだを押してまで返しに行く．几帳面で昔気質の女性である．

ところで，本人はお金が残り少なくなっていくことを何年も前から不安として感じている．だがそれは漠然としていたものであって，切迫感をもってはっきりと受けとめたのは1995年の1月17日だったと書いている．亡くなる1年前である．先のことを明確に考えなかったのは，弱った体で子供と自分の1日1日を過ごしていくことだけに精いっぱいであったからと説明している．歩くことさえ難儀である彼女の体力では，その日の食べ物を確保するために買い物をし，ほとんど寝たきりの息子の世話をすること，ただそれだけに彼女がもっている全精力を費やしたであろうことは容易に想像できる．細々した1つひとつのことを無事やり遂げることができ，息子が無事であることを神がみ様にお願いし，感謝する毎日の積み重ねである．

3. 稀な例か

私への依頼は，このような餓死といったことがまったく稀なことか，広がりのある問題なのかを書いて欲しいということであった．そのことに関連していくつかの点を述べたいと思う．

第1に，このように純粋に餓死という形で死ぬことは多くはないだろう．都監察医務院調べによると，1994年の病気以外の餓死者は19人ということである．毎年10人から20人の間の餓死者があるようである．これだけの人が死んでいるとしたら十分多いといえるかもしれない．そしてこれらのうち8割は1人暮らしであったものということである．

餓死は多くないと上に書いたのは，実質的には生活にいきづまって亡くなる場合でも，大抵は栄養不良による抵抗力の低下から何かの病気にかかり，死亡原因としてはなんらかの病名がつくことになるからである．また路上

で，つまり家の外で倒れたのならば，行路病人を含め救急医療の対象となり，そこから社会福祉の施策に結びつけられるかもしれない．

　第2に，とはいえ，この老婦人と同じような生活状況になる者は少なくないだろう．年金と家賃を比較した時，年金の方が下回ることはままあることである．低家賃の家に引っ越したくても年をとっている者に新たに貸してくれる大家は稀だろうし，入居時のまとまったお金を捻出することも，その前に家探しをする労力の点からも非常に困難なことである．

　この老婦人のように先々困ることはわかっていても，どうにも動きがとれない状況になるだろう．問題は生活保護行政だけではない．彼女は息子と一緒に2人で生きたかったのである．社会福祉の対応は2人を別べつの施設へ収容し，切り離してしまうだろう．したがって，年金や住宅保障の問題でもある．それらの最低限＝ナショナルミニマムが明確でないわが国では同じ状況に追い込まれる可能性は大きいといえる．

　第3に，現在のわれわれの社会の質が問われなければならないと思う．社会福祉の歴史の研究者である吉田久一先生は，現在ほどエゴイズムとニヒリズムが横行している時代を私は知らないと語られる．生活困難にあるものを見過ごし，切り捨てる社会はどうなるのだろうか．誰かが注意深くあれば，もしかしたら，この老婦人の窮状を察し，対応することができたかもしれないが，現実には誰も，行政も，しなかったのである．誰もしなかったことをわれわれの問題として受け止めるべきであろう．

　　　　　　　　　　　　　（『賃金と社会保障』労働旬報社 1996 年 9 月上旬号より）

3　生活保護世帯の推移と実態

　この章において，生活保護受給世帯の経済の高度成長期を通しての変化について，2つの側面から実態を明らかにしたい．1つは貧困の解消や社会福祉政策の転換の文脈において論じられてきた，この間の生活保護世帯の最も基本的変化とされているところの「非稼働世帯化」についてであり，いまひとつは生活保護受給世帯（以下保護世帯と略す）をとりまく社会階層の変化，つまり社会の底辺部分を構成する不安定低所得階層の変化が現在の保護世帯の性格にどのように関係しているかについてである．

　ところで，以下に分析の対象とする保護世帯には2つの側面がある．それは資本蓄積に伴う経済的結果として，社会の最底辺に位置づけられる貧困層としての側面と，保護行政により救済対象として切り取られる側面である．このことは周知の事実であるが，無差別平等の原則を建前とする現行法により，後者の面はともすれば軽視され，保護層を保護基準以下の低所得者の全体ないし貧困層の典型というように理解しがちである．だが，保護行政がどのように切り取っているかによってその内部構造は当然違ってくることになる．とはいえ，その母体が貧困層であることは変わりないので，貧困層のその時代，その時代の特質を，全面的でないとしても反映することはいうまでもない．以下の分析は以上の点を留意しながらすすめることにする．

1．「非稼働世帯化」について

　保護世帯に関する1960年以降の変化について一般に注目され，指摘されてきている点は，保護率と稼働世態率の顕著な減少傾向である．その様子を示すと図3-1のとおりである．保護率は1960年の17.4‰から1970年の13.0‰へ，その減少は実に顕著であった．そこで，経済の高度成長は貧困層にも構造的変化を生じせしめたものと考えられ，1970年前後頃から「貧困

層の変質」と，それに即して福祉政策の根本的な転換の必要が説かれるようになった．たとえば，『厚生白書』の昭和45年版は，生活保護の章を従来の叙述スタイルを大幅に変更して，冒頭に「被保護階層の質的変化」をとりあげ，次のように述べている．「過去10年間の保護の動向をみると保護行政の対象者である貧困階層に大きな構造変化があり，いわば貧困の質的変化が進行しているということができる．すなわち，老人，身体障害者などの本来的に稼働能力が少ない，社会的に障害を有する階層が増大し，それが保護層の主体となっている．10年前，稼働収入の有る者が1人もいない世帯は45％であったが，今日では60％をこえたことなどから，かつての失業による貧困はかげをひそめ，心身両面のハンディキャップ階層を対象とした生活保護

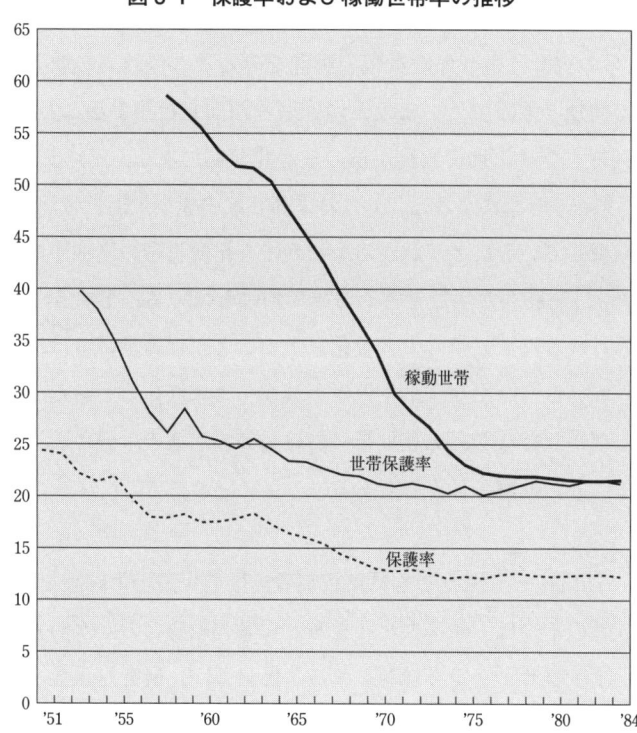

図3-1　保護率および稼働世帯率の推移

行政へと変貌しつつある」と.[1] 当時の研究者の見解も,同じように,失業と低賃金問題の改善が保護率の低下と非稼働世帯化を結果したとみるものが多い.[2]

　さて,保護統計にみられる保護率の低下と非稼働世帯率の増大は,失業や低賃金問題の解消,つまり「経済的貧困」の解消によるというように説明されてきているのであるが,必ずしも厳密な分析に基づいているようには思われない.そこで,まず,生活保護に関する官庁統計を用いて,非稼働世帯化をめぐる事実関係をとらえることにしたい.

　保護世帯に関する主要な統計としては,毎年7月1日現在の受給者について実施される「被保護者全国一斉調査」と9月1日から30日までの1ヶ月間の開始および廃止の動態についてとらえている「生活保護動態調査」がある.[3] これらの統計により保護世帯の動向をみると,保護率の低下および非稼働世帯の増加と並んで,いまひとつ顕著な傾向を指摘することができる.それは1世帯当たりの世帯人員規模の矮小化傾向である.その推移は表3-1の通りである.それによると,1人および2人の極小規模世帯が増加し,3人以上は減少していることがわかる.なかでも単身世帯の増加がいちじるしく,1970年には50％と半数を占めるまで増加している.ということは,一般世帯でみられる世帯規模の少人数化以上のことが保護世帯では進行したことを意味している.つまり,出生児数の減少や核家族化といった一般的動向を反映するばかりでなく,保護世帯における家族崩壊の事態が広汎に進行してきていることが推察されるのである.

　1963年に江口英一教授とともに東京都豊島区の保護世帯調査を実施した.その時の課題の1つは,ライフサイクルと保護受給時とのかかわりの解明であったが,ライフサイクルを課題とすること自体が,研究対象である保護世帯が現に家族を形成していることを前提とするわけである.家族の存在がな

表3-1 世帯の大きさの変化

(%)

		計	1人	2人	3人	4人	5人	6人	7人～
	1951年	100	24.1	16.0	16.7	15.3	11.8	16.1	
	1956年	100	29.2	14.2	13.6	13.7	12.0	8.6	8.7
	1960年	100	35.1	14.6	13.0	12.9	10.7	7.2	6.4
	1965年	100	39.0	19.0	14.0	12.0	8.2	4.5	3.3
	1970年	100	50.0	20.8	11.9	8.7	4.9	2.3	1.5
	1975年	100	55.8	20.7	10.2	7.0	3.6	1.6	1.1
	1980年	100	55.7	20.3	11.1	7.2	3.3	1.4	1
	1982年	100	56.1	19.9	11.5	7.2	3.2	2.1	
世帯類型 82年	高齢	100	80.9	17.9	0.9	0.2	0.1	0	
	母子	100	—	32.6	42.0	18.7	4.9	1.8	
	傷病・障害	100	62.7	16.3	8.5	7.0	3.4	2.1	
	その他	100	20.2	25.8	19.2	15.6	9.7	9.5	

資料：被保護世帯全国一斉調査結果報告

ければ，ライフサイクルを描くこともありえない．そして，その分析から得た結論は，世帯主が35歳前後で，子供がすべて非生産年齢のステージにあるときに，傷病を原因として保護受給にいたる姿を最も典型的なケースとしてとらえたのであった．当時，すでに，保護世帯員の平均規模は一般世帯よりも小さいことが確認されていたが，今日のように単身世帯が5割以上を占める程の極端な事態ではなかった．保護世帯の大部分は，やはり，家族をなすもので占められていたのである．

ところで，このような世帯規模の矮小化傾向は，一般に，高齢世帯や障害世帯が増加していることによると解釈されている．高齢世帯とは男65歳，女60歳以上のみ，またはそれに18歳未満の子供が同居している世帯と規定されているので，世帯規模はほとんどが1人か2人となる．実際に表の下欄にみられるように高齢世帯では1人及び2人に集中している．高齢世帯が増加すれば小規模世帯が増加することになろう．だが，単身世帯や2人世帯の

割合が高いのは傷病,障害世帯でもそうであり,経年変化においてはむしろこの類型で単身世帯の割合が増加しているのである.ところで,この類型で世帯規模が小さいことは高齢世帯のように当然視できる現象ではない.単身世帯だけの世帯類型構成は高齢世帯が46％,傷病障害世帯が50％,その他世帯が4％となり,傷病障害世帯が最も大きな割合を占めている.ところで,これまでのところ傷病と障害を資料の制約のため一括しているが,障害世帯の方は,傷病障害世帯のうち2割しか含まれていないので,以下,傷病世帯と表記することにしたい.

さて,以上述べてきたように,傷病世帯における規模の矮小化傾向が最も注目すべき点である.そこで,「生活保護動態調査」により,保護開始理由としての傷病のかかわりをみることにしたい.次にあげる表3-2は開始世帯について労働力類型別に開始理由の変化をみたものである.Ⅰ「世帯主が働いている」世帯とⅡ「世帯員が働いている」世帯がいわゆる稼働世帯である.すでに述べたようにこれらの稼働世帯は著減している.稼働世帯のうち主要なタイプはⅠの(2)の世帯員が傷病で世帯主が働いているものとⅡの(1)の世帯主が病気で世帯員が働いているものが主たるものである.世帯員が傷病で世帯主が働いている,あるいは世帯主が傷病で世帯員が働いているということはいうまでもなく世帯が複数の家族員から構成されていることを意味する.稼働世帯の減少は,表にみられるように,この2つのタイプが減少したことである.そして,これらの家族を構成している稼働世帯の減少に反比例して増加傾向を示しているのが,Ⅲの(1)の「働いている者がいない」世帯で,世帯主の傷病を開始理由とするものである.それは1960年の15％から1980年の54％への3倍以上の増加であり,全開始世帯の半数以上を占めるにいたっている.Ⅲの(2)の「世帯員の傷病」によるものも指数としては3倍弱の増加であるが,こちらは全体の中での構成比が3％にすぎず,非稼働世帯の増加の中心はⅢの(1)の「世帯主の傷病」によるものである.つまり,このタイプのものの増加こそが単身世帯の増加と相関して

表 3-2 開始世帯・労働力類型開始理由

	1960年	1965年	1970年	1975年	1980年	80年/60年
総数	17,574	18,602	16,435	15,431	15,115	86
%	100	100	100	100	100	
Ⅰ 世帯主が働いている	6,398	5,848	4,193	2,082	1,796	28
	36.4	31.4	25.5	13.5	11.9	
(1) 世帯主の傷病	770	1,450	1,812	604	330	43
	4.4	7.8	11.0	3.9	2.2	
(2) 世帯員の傷病	3,312	2,716	1,499	657	455	14
	18.8	14.6	9.1	4.3	3.0	
(3) 働いた者の死亡・離別・不在	—	—	272	284	500	—
			1.7	1.8	3.3	
(4) 「働きによる収入」の減少・喪失	1,028	870	365	324	292	28
	5.8	4.7	2.2	2.1	1.9	
(5) 年金・仕送り等の収入の減少・喪失	—	—	54	67	72	—
			0.3	0.4	0.5	
(6) その他	1,288	812	191	146	147	56
	7.3	4.4	1.2	0.9	1.0	
Ⅱ 世帯員が働いている	4,450	2,974	2,220	1,646	1,394	31
	25.3	16.0	13.5	10.7	9.2	
(1) 世帯主の傷病	3,140	2,336	1,889	1,418	1,202	38
	17.9	12.6	11.5	9.2	8.0	
(2) 世帯員の傷病	340	294	183	91	68	20
	1.9	1.6	1.1	0.6	0.4	
(3) 働いていた者の死亡・離別・不在	128	48	31	30	17	13
	0.7	0.3	0.2	0.2	0.1	
(4) 「働きによる収入」の減少・喪失	186	164	67	68	64	34
	1.1	0.9	0.4	0.4	0.4	
(5) 年金・仕送り等の収入の減少・喪失	—	—	16	10	19	—
			0.4	0.1	0.1	
(6) その他	656	132	34	29	24	7
	3.7	0.7	0.2	0.2	0.2	
Ⅲ 働いている者がいない	6,726	9,780	10,022	11,703	11,925	177
	38.3	52.6	61.0	75.8	78.9	
(1) 世帯主の傷病	2,632	5,898	7,564	8,379	8,155	310
	15.0	31.7	46.0	54.3	54.0	
(2) 世帯員の傷病	148	398	350	444	427	288
	0.8	2.1	2.1	2.9	2.8	
(3) 働いていた者の死亡・離別・不在	666	882	628	979	1,272	191
	3.8	4.7	3.8	6.3	8.4	
(4) 「働きによる収入」の減少・喪失	808	580	312	629	855	106
	4.6	3.1	1.9	4.1	5.7	
(5) 年金・仕送り等の収入の減少・喪失	392	500	349	476	488	124
	2.2	2.7	2.1	3.1	3.2	
(6) その他	2,080	1,522	819	796	728	35
	11.8	8.2	5.0	5.2	4.8	

注：上段＝世帯数，下段＝％
資料：生活保護動態調査報告，各年9月（厚生省）

いるのである．単身世帯の場合，世帯主本人が傷病のため稼働不能になると，当然のことだが，「働いているものがいない」世帯となる．稼働を代替できるものが他にいないのだから．

　要するに，保護世帯における稼働世帯とは，家族を構成している世帯であり，家族員の一人が傷病その他により稼働能力を喪失しても，他の家族員が代わりに稼働できる世帯ということである．他方，非稼働世帯は，他に代替する者のいない単身世帯に収斂している．十分な労働力のあるものが，低賃金・低収入の理由だけで保護の対象として開始されることは，わが国の保護行政では1960年代も，それ以降も稀有である．[4] 以上から非稼働世帯の割合の増大は，傷病世帯における単身化の要因に最も大きく規定されると結論できるであろう．

　ここで保護開始時の世帯類型の構成を，保護統計に用いられている世帯類型とは異なる分類で示しておきたい．とはいえ，生活保護動態調査に用いられている指標の組み合わせにより作成するしかないので，その制約をまぬがれないが，労働力の特性に基づく経済的性格をより明確に把握できるよう意図したものである．1978年についてみた保護開始時におけるそれは，次のようである．

　　(1) 高齢世帯　　　　　　16 ％
　　　　（世帯主が65歳以上，男女）
　　(2) 生産年齢単身世帯　　37 ％
　　　　（64歳以下　　　男女）
　　(3) 女子世帯　　　　　　20 ％
　　　　（64歳以下の女世帯主で2人以上規模,主として母子世帯である）
　　(4) 男子世帯　　　　　　27 ％
　　　　（64歳以下の男世帯主で2人以上の規模）
　　合計　　　　　　　　　 100 ％

これからも，生産年齢単身世帯が保護世帯の中で最も大きな比重を占めることがわかる．ここでの分類による高齢世帯は16％にすぎない．ここで注目したいのは家族持ちの男子世帯が3割弱を占めることである．われわれの1963年の調査のように，傷病を原因とする普通の男子世帯を，保護世帯の中核となる典型的類型というわけにはいかないが，この比重は，現在でも無視してよい数値ではない．単身世帯の増加傾向や，高齢世帯への関心の傾斜のために軽視されがちであるが，家族を形成している男子世帯がなお3割弱を占めているのである．これらの世帯は，ほとんどが傷病を理由に保護受給するに至った世帯である．

　ところで，傷病のために保護受給にいたるということは，医療費の支出増が家計の過重負担となることもだが，稼働不能となることが稼働収入喪失を結果している．医療費支出の困難さ以上に，低所得階層では生活費自体の喪失が重大な意味をもっている．稼働不能がただちに稼働収入の途絶となり，早急に保護受給にいたるのである．稼働不能が短時日で保護受給とつながるということは，まさに「低賃金」だからであり，「経済的貧困」そのものであろう．このことは，家族持ちの男子世帯についてだけでなく，生産年齢単身世帯でも，女子世帯でも同様であり，高齢世帯でもかなりのところあてはまる．

　以上，みてきたように，保護率の低下と非稼働世帯化を根拠にいわれてきたところの「貧困層の変質」＝「経済的貧困の解消」の中に，家族の分解と，傷病を契機に表出する生活基盤の脆弱な低所得階層の存在の，2つの新たな貧困化現象を指摘することができるのである．それらは，社会福祉サービスの需要者としての，いわゆる社会福祉の範疇としての高齢世帯，母子世帯，障害世帯とはいささかな性格を異にするといわなければならないだろう．

2. 不安定低所得層の変化と生活保護層

　つぎに，不安定低所得層との関係の変化についてみていくことにしたい．

まず，保護受給にいたるまでの社会階層移動を調べた2つの調査結果を比較することにする．1つは前述の1963年に江口教授の主導のもとに実施した東京都豊島区調査であり，いま1つは東京都の周辺地域を対象として筆者が実施した1978年調査である．この2つの調査は，社会階層概念を基本的方法としている．また，他の諸指標の分類の仕方についてもできるだけあわせるようにした．単に15年間の変化としてでなく高度成長期の変化として両者の結果を比較したかったからだが，前者の調査地は東京23区内であり，後者は東京駅から30分ほどの周辺市であるが，早くから東京圏に包摂された地域であり，ベットタウンとして市街化しているだけでなく沈澱層の堆積もみられる．調査地の相違は2時点比較の障害にはならないと考える．

　これまで，われわれは，保護層という1つの社会層が低所得層の底辺に位置づき，層状をなして存在すると考えてきた．そして，そのような不十分ながらも層状のものとして把握されうるようになったことを，戦後の新生活保護法の成果として，つまり，貧困の顕在化の契機として評価している．さらに，そのような最下の貧困層から上方へ，人々の労働と生活をみた時に，第1に保護層にいたるまでに序列化した社会階層構造が明確となり，第2に直前階層として，不安定低所得階層を特定することができ，それらを現代の相対的過剰人口の固定的，停滞的形態として把握してきた．つまり，保護層は，不安定低所得階層の抽出のための作業上のツールであるとともに，その不安定性の本質が保護層という具体的な形をとってあらわれていると考えてきたのである．[5]

　ところで，ここで，不安定低所得層との関係について考察する目的は，上記の本質的関係についてではなく，実態として，どのように変化しているかを具体的に把握することであり，保護層をとりまく不安定低所得層の性格の，経済的高度成長期以降の変化をとらえることである．

　2つの調査結果を比較対照した表を本書の13頁に表1–1大都市における生活保護に至る階層転落として，掲げている．そちらを見ていただきたい．

具体的分析という課題にそうために，この表1-1ではこれまで発表してきた形をすこし変えて，不安定低所得階層（以下低所得階層とする）をさらに2つにわけ，それぞれAおよびBとした．各々に含まれる階層は表の注に示す通りである．低所得階層AはBよりも社会経済的地位の序列が上位であると思量される諸階層であるが，2つを区別するメルクマークは，Aでは生活の低位性や不安定性がさしあたり潜在化した形で保持されている場合が多いのに対して，Bは明らかにそれが種々の生活局面に具体的にあらわれており，また，いわゆる階層転落の末にたどり着く諸階層群でもある．とはいえAとBの差違は本質的差違ではないわけで，これまでの不安定低所得階層概念を変更するものではない．

さて，表にもどりたい．保護受給にいたるまでの階層移動には1963年と78年では明らかな違いがあることを指摘できる．表頭に示されているように保護受給にいたるまでに2つの時点を設けている．最初の時点が1963年調査では「結婚時」であり，78年調査では「25歳時」とある．78年を年齢にかえたのは結婚歴をもつものが減少したからであるが，いずれにしろ，体力的に最も充実し，社会的にみても一人前とみなされる時で，その時をこの表の出発点に設定した．第2の時点は生活保護開始直前である．つまり開始前の最終職であるが，一定の無業期間がある場合を「無業」としている．

表1-1によると，1963年と78年の違いは，第1の結婚時または25歳の時点ではほとんどない．低所得階層のものが1978年の方にいくらか多くなっている程度である．ともあれ，両年次とも一般階層のものが3割を占めるのである．それが保護直前になると1963年には15％へ，78年には13％へ減少する．また，低所得階層Aも63年で31％から21％へ，78年で36％から26％へ減少している．このように，数値そのものも，変化の程度も両年次でさして違いはみられない．違いが明確となるのは次の低所得階層Bの変化と無業の変化である．Bの保護直前の割合が63年では62％に増加するが，78年では増加傾向にはあるがその値は37％である．そのかわりに，

78年では無業者が増加し，63年の2％に対して24％となっている．つぎの時点の保護開始時になると，63年では不安定低所得階層Bが33％もあり，無業が56％であるのに対して，78年では前者が10％と減少し，無業の方は84％と大きな割合を占めるようになっている．

つまり，63年では保護開始直前時点に6割にまで低所得階層Bが膨張しており，そのことは，一般階層から，あるいは，低所得階層Aから低所得階層Bへの階層移動，個々のケースを追跡するとその落層は，大方は，一挙にというのではなく，少しずつ段階的に，そして長期間にわたって落層し，保護開始以前に低所得階層Bとなり，そこにまた長期間停滞していたものが多い．

それに対して78年では低所得階層Bを必ずしも経由することなく無業化し，保護受給するものが多くなってきている．63年のように低所得階層Bにまで落層して，そこでプールされて，何らかの直接的きっかけがあった時に保護受給するというのではなくなりつつあるということである．とはいえ，78年調査において，保護直前時点の低所得階層Bのものが4割弱もあるわけで，この部分の絶対的比重は，今なお，決して小さいものではない．[6]

ところで，保護層の母体と考える不安定低所得階層の総体としての変化と，以上述べてきた生活保護層の形成過程とはどのように関係しているだろうか．次の表3-3は不安定低所得階層の動向を1955年を起点として示したものである．この表は，これまで，国勢調査を用いて作成してきた「社会階級階層表」をもとにその中からわれわれが不安定低所得階層と考える諸階層を取り出したものである．[7]

まず，1955年から1975年までの経済的高度成長を反映する変化をみることにすると，低所得階層は非農林職業従事者の著増の中で同じように増大しているが，その非農林職業従事者の中で占める割合は39％から31％へと大幅な減少がみられた．個々の階層も仲介人を例外として他の比率は減少して

Ⅰ 公的扶助　35

表 3-3　不安定・低所得層の変化

(単位：千人，%)

		1955 年		1965 年		1975 年		1980 年	
		実数	%	実数	%	実数	%	実数	%
労働者階級	○生産労働者下層	2,624	11.2	4,089	11.4	5,472	10.3	5,857	11.8
	○単純労働者	2,121	9.0	2,768	7.8	3,206	7.0	3.551	7.1
	○商業使用人	462	2.0	389	1.1	594	1.3	821	1.7
	○サービス業使用人	946	4.0	1,187	3.3	1,480	3.2	1,790	3.6
	○家内労働者	692	3.0	751	2.0	887	1.9	870	1.8
	合計	6,845	29.2	9,184	25.6	11,639	25.5	12,889	25.9
自営業	○建設職人	320	1.4	375	1.0	594	1.3	687	1.4
	△手工業者	647	2.8	741	2.1	607	1.3	602	1.2
	△一人親方	206	0.9	294	0.8	245	0.5	200	0.4
	×小商人	433	1.9	421	1.2	317	0.7	305	0.6
	×行商露天商	262	1.1	123	0.4	107	0.2	108	0.2
	○仲介人	62	0.2	118	0.3	171	0.4	210	0.4
	△その他の雑業	390	1.7	663	1.8	637	1.4	710	1.5
	合計	2,320	10.0	2,314	7.0	2,678	5.8	2,822	5.7
合計		9,165	39.2	11,198	33.2	14,317	31.3	15,711	31.6

注：%は非農林漁業職業従事者を 100 としたもの．

いる．中でも×印を付した階層は比率だけではなく，人数までも減少している．△印を付した階層は 1965 年までは人数が増大しているがその後減少に転じ，一貫して減少している．これらの階層は小商売，行商露天商，手工業者，一人親方，その他の雑業で，古い生産様式および古い下層社会を代表した諸階層である．それに対して，人数の増加がいちじるしいのは，生産労働者下層，単純労働者，サービス業使用人，建設職人，仲介人である．そしてこれらは割合としても大きいが，中でも大きいのは生産労働者の 10 %，単純労働者の 7 %である．この 2 つの不安定低所得階層の中での割合は 1955年には約 2 分の 1 であったが，1975 年には 3 分の 2 弱へ増大している．だが，1975 年から 80 年にかけてのオイルショック以降は，これまで減少傾向に推移していた諸階層が，その傾向が弱まるか，あるいは増大に転じている．つまり，全体としては労働者階級のものが 25.5 %から 25.9 %へ，自営

業層が 5.8％から 5.7％へ，合計で 31.3％から 31.6％へと比率までも増大に転じている．

このように，低所得階層は生産労働者下層や単純労働者を中心とする近代的性格のものでしめられつつあるが，このことは先に分類した低所得階層 A および B の動向としてはどのようであろうか．低所得階層 A は 1955 年に 15％，1975 年には 13％であり，B は 1955 年に 24％，1975 年に 18％である．つまり，A も B もともに減少しており，B の減少率のほうが A よりも大きい．だが，A は増大し B は減少したとか，B の減少率がきわだって大きく，その結果 A の構成比が B を凌駕したということではない．B に属する最下の諸階層の上向的消滅は傾向としてならば，認められるといえる程度である．しかもオイルショック以降はその傾向は弱まり，増大の気配さえみられる．つまり，低所得層の諸階層が近代的性格へ A も B も含めて変化しながらも，全体としては強固に維持され，そこに新たに注ぎこまれてきてもいるのである．

したがって，母体である低所得階層 B の減少が保護受給直前職の B の減少を結果したというよりも，AB ともに近代的性格へ変化したことが A から直接的に無業化し，B を経由することなく保護世帯となるものを増加せしめたということであり，他方で B の諸階層が最底辺で受けとめ包容する力を減じてきて，従来，そなえていた柔構造がより硬質な性格のものへと変質してきているということであろう．

結び

以上，生活保護受給世帯の実態の変化についてみてきたのであるが，要するに，無業化をめぐる 2 つの側面，つまり家族的要因と社会階層の要因を明らかにしたわけである．実態を述べるという当初の課題をややこえることになるかもしれないが，以下において無業化について少しばかり考察を加えたい．

これまで述べてきたことからいえることは無業が明確な形をとりつつあるとうことである．それは，無業範疇の成立といってよい社会現象かもしれないと考える．われわれは1958年の「都民生活実態調査」（東京都民生局）を用いて労働能力と就業状況の対比の分析を試みたことがある．その分析結果について，江口英一教授は，保護世帯は「就業者の数は少ない．しかるに就業せんとする動向はこのような欠損状態を無視し，したがって労働力の再生産における『萎縮』の必然を無視し，その限界をこえ，就業しようとしている傾向がはっきりわかるのである．」[8]と指摘している．各世帯の普通労働者（就労が順当と考えられる健康な生産年齢者で乳幼児の母でない者）を100とした時，実際に就労している者の率は122と過剰就業の状況にあったのである．そこで，過剰就業を担う労働力，それは必然的に半労働力たらざるを得ないのだが，それを「普通以下労働力」と規定し，それが保護層，その他の低所得層では「劣位」な職業と結びついていることを明らかにしたのである．図3-1で見た1965年以前における「稼働世帯」率の高さは，過剰就業の影響も多分にうけた結果でもあった．

　従来，「劣位」な職業に従事している者については，「半失業」の概念でとらえられてきた．もし，それが半労働力によって担われているとするならば，その部分は「半無業」と規定できるだろう．半失業問題が長年にわたってわが国の労働市場の問題性をあらわしていたように，「半無業」は貧困問題および社会福祉を規定し，その劣位性を性格づけてきたといえる．そして，高度成長期を通して就業と失業の分化が進み，その境目がより明確となったように，「半無業」も就業と無業への分極化の傾向を示していると指摘できる．

　その境目が明確になることは，生活水準にも反映することになる．次にあげる表3-4は，生活状況に関する意識をとらえたにすぎないが，生活がなりたたなくなる原因が生じる前，生活保護申請直前，そして保護受給中である現在の三時点で生活水準及び状況の変化をとらえたものである．特に，生

表 3-4　生活保護受給にいたる生活水準の変化

(%)

	1 借金・未払いが増加し，どうしてよいかわからない	2 食べるだけがやっと	3 食べることには事欠けないがまとまった物は買えない	4 まとまった物でも買える	5 他の人より恵まれてたくらし	計
生活がなりたたなくなる原因が生じる以前	11.8	24.8	26.8	28.8	7.8	100
生活保護申請直前	32.7	46.1	12.7	1.4	0	100
現在	6.7	50.3	39.6	3.4	0	100

注：調査対象世帯は，東京都練馬区における中学・高校生を含む生活保護受給世帯．昭和59年7月調査．川上研究室
出所：第12回，公的扶助研究会，南関東ブロックセミナー資料

活がなりたたなくなる原因が生じる前と保護申請直前との間に生活水準の明確な落差があるかどうかである．表頭は生活水準ないし状況の5段階の尺度としているが，表によると，原因が生じる以前は3段階以上の生活状況にあったものが6割強を占めている．それが保護申請直前では1及び2のものが8割となる．この間の生活状況の悪化は明白であろう．このように現在では平常時の生活状況と何らかの生活事故が生じた際のそれとがはっきり異なるようになっているのである．食うや食わずの絶対的ともいえる貧窮状態が平常時の状況であれば，それに何らかの新しい事態が加わっても生活状況が悪化するというものではない．それ以上は低下しようがないし，その他にはすみやかな死しかないのだから．

　このように，生活水準ないし状況の悪化が不連続な性格のものとして明白になったときに，その直接的原因が生活事故として，主観的にも意識化され，客観的にも把握できるようになる．わが国でも，ようやく，生活事故範疇が底辺層部分にまで確立してきたといえるだろう．それは，労働市場の変化やその他の経済的要因によるばかりではなく，社会保障の影響も大きいだ

ろう．無業を可能とする制度的条件の支えも加わって，無業が明確化したのである．生活保護制度はいうまでもなく，その1つである．しかし，その運用如何で，「半無業」が再生されることになるだろう．

(「日本の労使関係の特質」社会政策学会年報第31集掲載論文, 1987年5月　より)

注)
1) 『厚生白書 昭和45年版』厚生省, p. 344
2) 批判的見解もあるが，その場合，内部構成の変化についてでなく，保護率の低さそのものを主として問題として，保護行政のあり方を問うている．
3) 一斉調査は長期に受給し滞留している部分の特徴をよりつよくあらわし，動態調査は新たに編入してきた部分の特徴をあらわす．
4) このことに関連して想起されるのは，昭和36年の保護基準第17次改訂以降，毎年の大幅アップにもかかわらず，保護率が上昇しなかった事実である．
5) 江口英一『現代の「低所得層」』上巻，未来社，第1章参照
6) 表中の1963年保護開始時に一般階層が9.6％と大きい数値であるが，これらの世帯は世帯員の結核や精神病等，長期入院患者をかかえる世帯である．近年ではこのようなケースは行政的に「世帯分離」が適用される場合が多い．
7) 社会階層調査概念は上掲の江口英一『現代の「低所得層」』で全体にわたって論述されている．
8) 江口英一「低額所得階層研究方法序説」『社会福祉学』第3号，日本社会福祉学会年報，p. 14

4　参考資料：生活保護統計

図 4-1　世帯総数と扶助別世帯数の推移

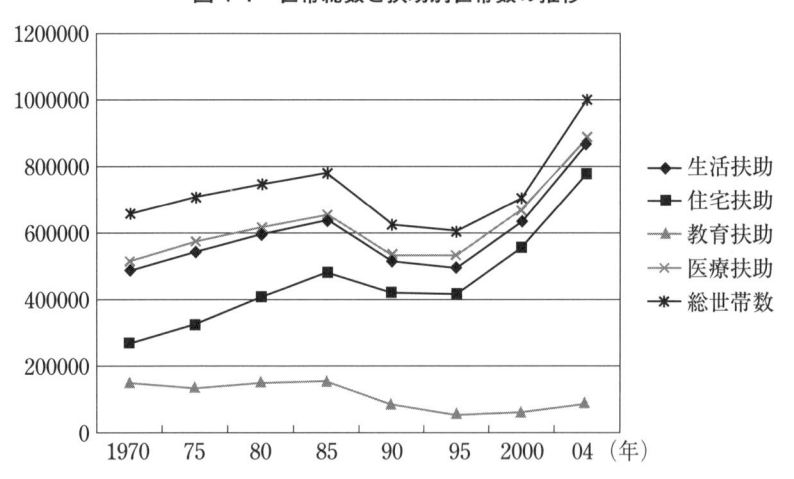

- 生活扶助
- 住宅扶助
- 教育扶助
- 医療扶助
- 総世帯数

図 4-2　世帯保護率と人員保護率の推移

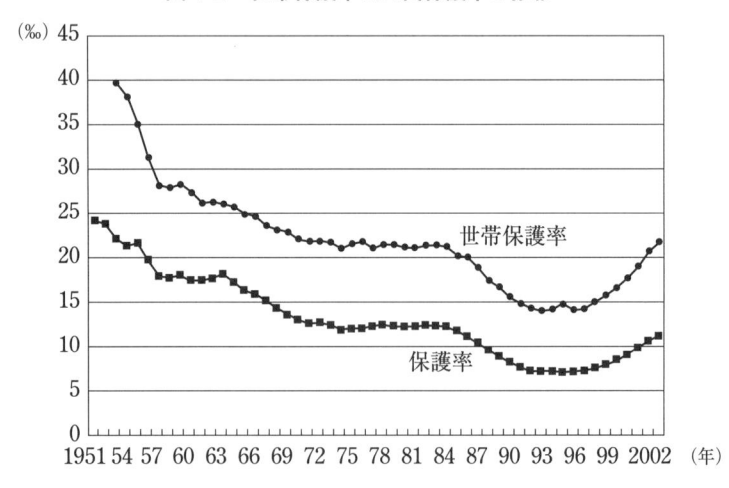

世帯保護率
保護率

表 4-1 保護世帯数等の推移

	保護世帯数	世帯保護率	保護人員数	保護率	稼働世帯率	平均世帯人数	単身世帯率	医療扶助単給受給世帯数	左のうち単身の割合	医療扶助+日用品費世帯数	左のうち単身の割合
昭和26年	669,662		2,046,646	24.2		3.06	24.1				
27	702,450		2,042,550	23.8		3.05					
28	680,289	39.6	1,922,060	22.1		2.87	27.0				
29	658,321	38.0	1,881,687	21.3		2.81					
30	661,036	34.9	1,929,408	21.6		2.88					
31	618,301	31.2	1,775,971	19.7		2.65	29.2	109,059	36.5		
32	579,037	28.0	1,623,744	17.9		2.42	31.5	109,684	41.1		
33	591,907	27.8	1,627,571	17.7	58.4	2.43	32.6	115,788	44.0		
34	613,532	28.2	1,669,180	18.0	57.0	2.49	33.4	127,687	47.6		
35	611,456	27.2	1,627,509	17.4	55.2	2.43	35.1	130,575	51.5		
36	612,666	26.1	1,643,445	17.4	53.0	2.45	37.1	126,709	61.2		
37	624,012	26.2	1,674,001	17.5	51.5	2.50	38.1	96,146	71.7		
38	649,073	26.0	1,744,639	18.1	51.3	2.61	38.4	86,040	69.5		
39	641,869	25.6	1,674,661	17.2	50.0	2.50	36.5	94,383	71.5		
40	643,905	24.8	1,598,821	16.3	47.4	2.39	39.0	103,157	73.4		
41	657,193	24.6	1,570,054	15.9	44.8	2.34	40.6	110,226	74.3		
42	661,647	23.5	1,520,733	15.2	421	2.27	43.1	124,531	77.1		
43	659,096	23.0	1,449,970	14.3	39.0	2.17	45.5	136,064	79.5		
44	660,509	22.8	1,398,725	13.6	36.4	2.09	47.8	145,776	81.1		
45	658,277	22.0	1,344,306	13.0	33.6	2.01	50.0	73,923	67.5		
46	669,354	21.7	1,325,218	12.6	29.7	1.98	52.3	79,976	70.8		
47	692,378	21.7	1,349,000	12.7	27.8	2.01	55.8	78,086	71.6	107,003	94.5
48	696,540	21.6	1,345,549	12.4	26.4	2.01	53.9	69,122	71.2	105,461	96.6
49	688,736	21.0	1,312,339	11.9	24.2	1.96	55.4	60,507	75.2	104,328	96.3
50	707,514	21.5	1,349,230	12.1	22.8	2.01	55.8	58,797	77.3	106,386	96.5
51	709,613	21.7	1,358,316	12.0	22.1	2.03	55.8	54,564	78.3	103,925	96.8
52	723,587	21.0	1,393,128	12.2	21.8	2.08	55.9	52,894	79.3	104,224	96.7
53	739,244	21.4	1,428,261	12.4	21.7	2.13	55.6	52,063	80.1	102,419	96.7
54	744,841	21.4	1,430,488	12.3	21.7	2.14	55.4	50,692	81.0	101,437	97.0
55	746,997	21.1	1,426,984	12.2	21.6	2.13	55.7	48,474	82.2	98,578	97.0
56	756,726	21.0	1,439,226	12.2	21.4	2.15	55.9	46,627	83.4	97,159	97.0
57	770,388	21.3	1,457,383	12.3	21.3	2.15	56.0	45,439	84.4	96,953	97.0
58	782,265	21.4	1,468,245	12.3	21.2	2.19	56.6	42,694	84.9	101,051	96.9
59	789,602	21.2	1,469,457	12.2	21.4	2.19	56.7	42,514	86.0	100,002	97.0
60	780,507	20.1	1,431,117	11.8	21.3	2.14	57.3	40,075	87.1	95,456	97.1
61	746,355	19.9	1,348,163	11.1	21.2	2.01	58.5	36,081	87.5	91,185	97.2
62	713,825	18.8	1,266,126	10.4	20.9	1.89	59.2	31,218	87.9	79,757	97.5
63	681,018	17.4	1,176,258	9.6	20.4	1.76	61.0	26,635	88.4	76,881	97.8
平成元年	654,915	16.6	1,099,520	8.9	19.8	1.64	62.8	24,654	89.5	74,511	97.8
2	623,755	15.5	1,014,842	8.2	18.8	1.52	64.7	24,549	88.3	71,144	98.0
3	600,697	14.8	946,374	7.6	17.6	1.41	66.7	22,794	91.0	69,846	98.0
4	585,972	14.2	898,499	7.2	16.4	1.34	68.6	22,789	91.2	68,957	98.1
5	586,106	14.0	883,112	7.1	15.3	1.32	69.9	22,069	91.9	67,712	98.3
6	595,407	14.1	884,912	7.1	14.4	1.32	70.9	22,291	92.4	68,251	98.2
7	601,925	14.7	882,229	7.0	13.6	1.32	72.0	24,836	92.5	68,344	98.3
8	613,106	14.0	887,450	7.1	13.0	1.33	72.8	24,802	93.4	67,706	98.3
9	631,488	14.1	905,589	7.2	12.6	1.35	73.4	25,519	94.0	67,174	98.3
10	663,060	14.9	946,994	7.5	12.2	1.41	73.7	27,220	93.9	67,358	98.2
11	704,055	15.7	1,004,842	7.9	12.0	1.50	73.7	28,626	94.3	67,850	98.2
12	751,303	16.5	1,072,241	8.4	12.4	1.60	73.5	27,815	93.3	67,850	98.2
13	805,669	17.6	1,148,088	9.0	12.0	1.71	73.6	85,582			
14	870,931	19.8	1,242,723	9.8	11.9	1.86	73.5	84,352			
15	941,270	20.6	1,344,327	10.5	12.1	2.01	73.3	82,160			
16	998,887	21.6	1,423,388	11.1	11.9	2.13	73.4	79,450			

注:厚生省報告例.空欄は元となる数字が得られないところ
平成13年以降の医療単給世帯は日用品費受給と分かれていない世帯数

図 4-3 世帯規模の推移

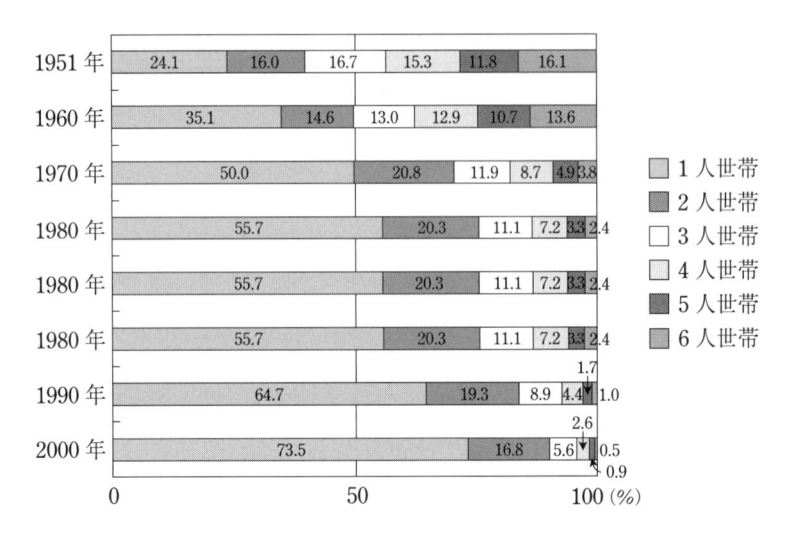

年	1人世帯	2人世帯	3人世帯	4人世帯	5人世帯	6人世帯
1951年	24.1	16.0	16.7	15.3	11.8	16.1
1960年	35.1	14.6	13.0	12.9	10.7	13.6
1970年	50.0	20.8	11.9	8.7	4.9	3.8
1980年	55.7	20.3	11.1	7.2	3.3	2.4
1980年	55.7	20.3	11.1	7.2	3.3	2.4
1980年	55.7	20.3	11.1	7.2	3.3	2.4
1990年	64.7	19.3	8.9	4.4	1.7	1.0
2000年	73.5	16.8	5.6	2.6	0.9	0.5

図 4-4 世帯類型の変化

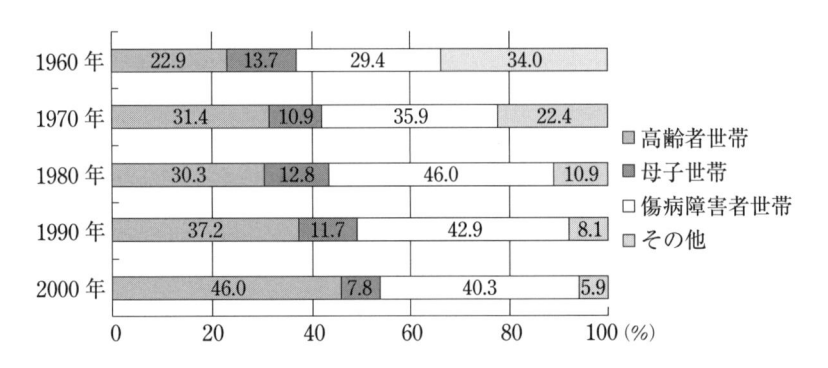

年	高齢者世帯	母子世帯	傷病障害者世帯	その他
1960年	22.9	13.7	29.4	34.0
1970年	31.4	10.9	35.9	22.4
1980年	30.3	12.8	46.0	10.9
1990年	37.2	11.7	42.9	8.1
2000年	46.0	7.8	40.3	5.9

図 4-5 世帯の稼働状況の変化

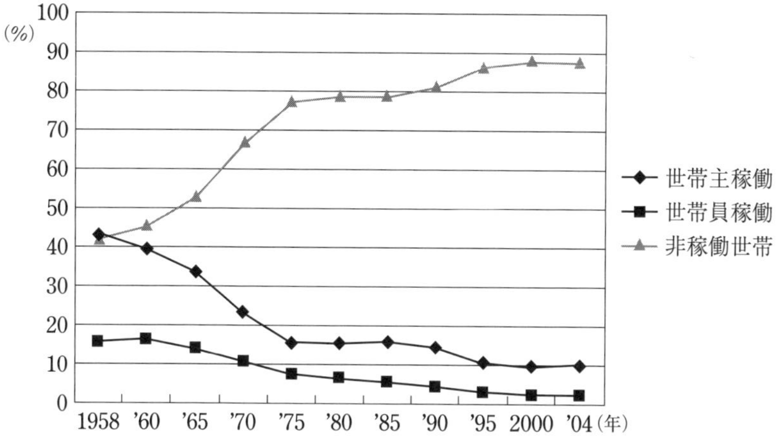

- ◆ 世帯主稼働
- ■ 世帯員稼働
- ▲ 非稼働世帯

表 4-2 1970年を中心としてみた不安定低所得層および無業者の変化

(%)

	不安定低所得層	1955年	1970年	1995年	2000年
Ⅰ　一貫減少型	家内労働者	3.0	2.1	1.4	1.3
	手工業者	2.8	1.6	0.9	0.8
	小商人	1.9	0.8	0.3	0.3
	行商露天商	1.1	0.3	0.1	0.1
	1人親方	0.9	0.8	0.2	0.2
	小計	9.7	5.6	3.0	2.7
Ⅱ　減少後増大型	単純労働者	9.0	7.3	8.2	8.4
	商業使用人	2.0	1.2	1.4	1.4
	サービス使用人	4.0	3.4	4.6	4.6
	その他の雑業	1.7	1.2	1.9	1.9
	仲買人	0.2	0.3	0.5	0.5
	小計	16.9	13.4	16.6	16.8
Ⅲ　増大後減少型	生産労働者下層	11.2	12.6	9.6	8.7
	建設職人	1.4	1.5	1.0	1.0
	小計	13.6	14.1	10.6	9.7
合計		39.2	33.2	29.7	29.3
15歳以上無業者	無業者計	34.5	34.3	39.3	41.0
	うち完全失業者	1.3	0.9	2.7	2.9

表 4-3　社会階級階層構成の推移

(単位：千人)

	1970年		1980年		1990年		2000年	
	実数	%	実数	%	実数	%	実数	%
15歳以上就業人口	52,091	100.0	55,671	100.0	61,380	100.0	62,290	100.0
農林漁業職業従事者	9,939	19.1	5,966	10.7	4,222	6.9	3,030	4.9
非農林漁業職業従事者	42,152	80.9	49,713	89.3	57,158	93.1	59,260	95.1
Ⅰ　資本家階級	3,841	7.4	5,441	9.8	5,438	8.9	4,542	7.3
1　会社経営者	922	1.8	1,303	2.3	1,522	2.5	1,208	1.9
2　部門担当経営者	1,131	2.2	1,365	2.5	1,021	1.7	649	1.0
3　小経営者	1,305	2.5	2,205	4.0	2,281	3.7	2,046	3.3
1)　健，手，機，陸，水	716	1.4	987	1.8	924	1.5	941	1.5
2)　商業主	271	0.5	581	1.0	658	1.1	493	0.8
3)　サービス業主	53	0.1	133	0.2	119	0.2	153	0.2
4)　家族事務員	265	0.5	504	0.9	579	0.9	460	0.7
4　公安従事者	483	0.9	568	1.0	614	1.0	639	1.0
Ⅱ　自営業者層	5,980	11.5	6,359	11.4	5,222	8.5	4,954	8.0
1　自営業者	4,518	8.7	4,826	8.7	3,557	5.8	3,133	5.0
2　名目的自営業者	1,462	2.8	1,533	2.8	1,665	2.7	1,821	2.9
Ⅲ　労働者階級	32,331	62.1	37,913	68.1	46,498	75.8	49,764	79.9
1　不規則就業労働者	5,876	11.3	7,031	12.6	8,460	13.8	9,250	14.8
1)　単純労働者	3,068	5.9	3,551	6.4	4,497	7.3	4,967	8.0
2)　商業使用人	514	1.0	821	1.5	807	1.3	837	1.3
3)　サービス使用人	1,428	2.7	1,790	3.2	2,266	3.7	2,697	4.3
4)　家内労働者	867	1.7	870	1.6	890	1.4	749	1.2
2　販売サービス労働者	2,110	4.1	2,754	4.9	3,898	6.4	4,810	7.7
1)　販売労働者	1,615	3.1	2,238	4.0	3,178	5.2	3,492	5.6
2)　サービス労働者	484	0.9	516	0.9	720	1.2	1,318	2.1
3　生産労働者	13,010	25.0	13,343	24.0	13,897	22.6	12,842	20.6
1)　下層生産労働者	5,332	10.2	5,857	10.5	6,194	10.1	5,198	8.3
2)　中級生産労働者	4,229	8.1	4,583	8.2	5,206	8.5	5,396	8.7
3)　上層生産労働者	2,636	5.1	2,219	4.0	2,359	3.8	2,101	3.4
4)　官公生産労働者	813	1.6	684	1.2	138	0.2	147	0.2
4　俸給生活者	11,335	21.8	14,784	26.6	20,217	32.9	22,863	36.7
1)　販売俸給生活者	1,121	2.2	1,394	2.5	2,035	3.3	2,796	4.5
2)　下層事務員	2,000	3.8	3,049	5.5	4,146	6.8	4,381	7.0
3)　一般事務員	2,579	5.0	3,370	6.1	4,465	7.3	4,779	7.7
4)　上層事務員	885	1.7	828	1.5	1,053	1.7	975	1.6
5)　技術者	1,103	2.1	1,407	2.5	2,859	4.7	3,424	5.5
6)　自由業的俸給生活者	613	1.2	949	1.7	1,307	2.1	1,454	2.3
7)　教師	1,097	2.1	1,528	2.7	1,692	2.8	1,765	2.8
8)　医療俸給生活者	653	1.3	1,057	1.9	1,568	2.6	2,101	3.4
9)　官公俸給生活者	1,284	2.5	1,199	2.2	1,092	1.8	1,188	1.9
15歳以上無業人口	27,140	34.3	34,118	38.0	39,316	39.0	44,328	41.0
休業者	529	0.7	599	0.7	616	0.6	823	0.8
完全失業者	712	0.9	1,420	1.6	1,914	1.9	3,120	2.9
家事従事者	13,946	17.6	17,305	19.3	17,624	17.5	19,805	18.3
通学	6,712	8.5	6,502	7.2	9,613	9.5	7,912	7.3
老齢，病気，その他	5,241	6.6	8,292	9.2	9,549	9.5	12,668	11.7

注：15歳以上無業人口の%は15歳以上人口を100とする．
資料：国勢調査，事業所統計調査より

II 老人福祉

5　都市における介護問題の現状

はじめに

　われわれは，1986年から1990年にかけて，東京都の近郊都市習志野市において，高齢者の生活実態についていくつかの調査をする機会を得ることができた．この章では，それらの調査結果に基づきながらわが国の都市における介護問題の現状の特徴を述べたいと思う．

　一連の高齢者調査を企画し実施してきたのは，行政現場からの要請でもあったが，1970年代の中ごろから社会福祉をめぐる議論において，「選別的」な所得給付から「普遍的な」福祉サービス供給への重点の移行の必要性がノーマライゼーションの理念をともないながら説かれるようになったことに対して，生活実態との関連において「社会福祉ニーズ」を考察したいとの考えからである．それを実証研究として行いたいと考え，具体的には家族形態，家計，要介護性などの要素のそれぞれの構造や相互関連を，とにかくそのままとらえることを目指した．というのは日本では，家族にせよ家計にしろ，目下のところは核家族化に向かって，あるいは，家計も世帯単位から個人単位の近代的家計へと変化の過程にあり，きわめて複雑な様相を呈しているからである．その中での普遍的とはいかなることかという問いかけである．そのような問題意識をもって実施してきた高齢者生活実態調査から，私に与えられた介護問題の現状という課題について以下に述べたいと思う．

　介護ニードの問題としては，どのように介護されているか（形態とレベル），どれだけ介護されているか（充足されている量），ミニマムは確保されているかという課題に答えなければならないと考える．ここで述べることができるのは，主としてどのように介護されているかという課題についてである．その他の課題はそれに関連すると考えられるので，どのように介護されているかということを明らかにすることが最も重要であると考える．医療保

障の分野では，疾病は社会的な医療行為と結び付いている．病気ならば病院で受診するのが当然であると今日においてはおそらく誰もが考えると思うが，要介護性つまり加齢による身体機能の低下は，そのまま社会化した介護ニードとなり介護サービスと結び付くというわけではないのが現実である．老人介護は社会規範として家族機能に含まれると考えられてきたものであり，介護という言葉が使われるようになったのもごく最近のことである．家族の中で世話されてきたのである．家族の中での世話の困難から社会的なサービスが求められるようになってきている．介護は，それではいま現在どのような実態なのか．その点を明らかにすることが課題である．

ここで用いる調査は，次のものである．
（1）基礎調査　1986年調査
（2）在宅病弱老人調査　1988年調査
（3）老人病院入院者調査　1990年調査
（4）特別養護老人ホーム入所者調査　1990年調査

1. 高齢者生活と家族
(1) 習志野市における高齢者の一般的性格

はじめに，「基礎調査」の結果から，高齢者の生活と家族との関係を大きくとらえた特徴を述べることにしたい．「基礎調査」は60歳以上の高齢者を調査対象とし，ほぼ3,000人，その人々を含む2,000世帯を訪問調査したものである．

まず，習志野市の概略及び高齢者の一般的性格について簡単に説明しておくと，習志野市は東京都心から電車で30分余の距離にあり，交通の便がよく住宅地としての環境がよいことから東京のベッドタウンとして比較的早くから住宅街が形成されたところで，60歳以上の高齢者についてみれば，先代から居住していたものはほぼ1割程度で，他は除々に住まいを求め転入してきた者である．

住宅の条件は，持家が80％でそのうちマンションは8％であり多くが1戸建てである．自有地の者が77％であり，広さは平均60坪程度である．住宅条件は比較的恵まれているといえる．習志野市で特徴的なのは公営公団住宅の比率が高いことである．11％を占め，その分，民間借家の比率が全国市部で13％に対して8％と低い．総じて住宅条件は良いといえる．

　定年前の職業，もしくは55歳時の夫の職業による社会階層は，経営者が小経営者も含めて8％，自営業者が29％，俸給生活者が38％，労働者が28％であるが，労働者のうち小零細企業労働者等不安定就業労働者は9％である．自営業者も含めて中位の社会階層の者が多い．特に高い階層の者も少ないが，低所得階層も少ない．中流層の厚い地域である．

　老人世代の収入（同居の場合子どもの収入と区別するため老人世代の収入という表現で質問した）は，14万円以下が42％，15〜29万円が32％，30万円以上が26％である．中位の社会階層と上記したが，高齢期の現在の収入をみると14万円以下の者が4割以上を占める．収入源の種類としてあげられているのは年金が84％を占め断然多い．ついで，60歳以上を調査対象としていることにもよるが，30％に稼動収入がある．75歳以上だけでは10％である．財産収入有りが8％，貯金を引出し有りが8％である．財産収入はアパート経営による者が多い．そのような財産収入のあるものは余裕のある暮らしであるが，多くは年金を主体とした生活であり，14万円以下というのは，ほとんどは年金がそうであるということである．

　最後に，昭和60年の国勢調査により高齢化率を示しておく．習志野市の65歳以上の比率は8.1％であり，全国の平均が10.3％であるのに比して低率である．75歳以上の後期高齢者の比率は全国が3.9％であるのに対して2.8％である．

　以上のような，一般的特徴を有する都市における高齢者の介護問題がどのような実態であるかである．

(2) 生活の基本的枠組

　高齢者の生活を規定する条件は、所得だけに一元化されないことは、経験的に周知のことである．介護問題を抱える高齢者の場合は特にそうである．だが同時に、介護の前提として、所得や住宅等の基本的な生活の条件がどのようであるかは重要である．介護もまた介護だけが単独に、他の条件に規定されないでありうるわけではない．

　次にあげる表5-1は、高齢者の生活の諸条件を示したものであるが、住宅の所有関係、年金額、そして同居の状況を最も基本的な指標と考え、それらを組み合わせた．それらの3次元のクロスで生活状態の分布と格差を表すことを意図したものである．パーセントの数値は全体を100として、各升目に含まれる世帯数の割合を示している．

　これらの3つの指標のうち年金を除く2つの指標はきわめて日本的といえるだろう．介護を必要とする高齢期の生活にとって住宅の広さや構造、設備はもちろん重要であるのだが、それ以前に持家かどうか、自分の名義かどうかに意味があり、高齢者の子供に対する立場を規定する．同居、別居が重要

表5-1　老人世帯の生活状態の格差と分布（世帯票）

(世帯数, %)

住宅と所有関係 \ 年金・同別居	受給年金180万円以上（年額）				受給年金179万円以下（年額）				計
	同居	別居後同居	別居	小計	同居	別居後同居	別居	小計	
1. 持家（自分名義）	178 (9.6)	32 (1.7)	129 (7.0)	339 (18.3)	445 (24.1)	87 (4.7)	164 (8.9)	696 (37.6)	1035 (55.9)
2. 持家（子供名義）	28 (1.5)	33 (1.8)	11 (0.6)	72 (3.9)	236 (12.8)	119 (6.4)	42 (2.3)	397 (21.5)	469 (25.4)
3. 借家	21 (1.1)	6 (0.3)	18 (1.0)	45 (2.4)	119 (6.4)	38 (2.1)	143 (7.7)	300 (16.2)	345 (18.6)
計	227 (12.3)	71 (3.8)	158 (8.5)	456 (24.7)	800 (43.3)	244 (13.2)	349 (18.9)	1393 (75.3)	1849 (100.0)

注　ケース数は不明を除いてある．
　　（　）内は有効ケース数を100とした割合

であることも日本ならではの事情であろう．健康で生活が成り立つ収入がある限りにおいて，2世代同居は必ずしも好まれない傾向が生じてきている．だから，老人のみ世帯が福祉ニーズを多くもつ世帯，同居世帯はもたない世帯とは一概にいえない．たが，老人のみ世帯には種々の困難を抱える世帯が含まれてもいる．収入についてはここでは年金だけに限ることにした．それは年金有りの者の割合が多いことと，稼動収入は加齢とともにいずれなくなる収入であると考えるからである．これら3つの指標を生活の基本指標とする理由を詳しく述べるべきであるが，紙数の関係からそれまでに筆者が関わってきたいくつかの高齢者生活実態調査結果から着目するようになったとだけ記しておきたい．[1]

さて，表をみることにしたい．この中で3つのグループを指摘できると考える．1つは年金が180万円以上で自分名義の持家があるもの．2つは年金が179万円以下で持家で同居の者，3つは年金が179万円以下で別居のものである．第1のグループの場合は同居か別居かは生活困難という観点からみて意味の違いは基本的にはないであろう．別居者は，選択的な別居のものでかなりが占められているであろうからである．年金額が高いものは持家であるものの比率が高いことも指摘しておく．よりよい条件をもつものは，3拍子揃ってよいということである．このグループは約2割である．

ついで第2のグループは，年金は低いが持家で何より同居という点に特徴がある．同居でなければ全体的な生活が成り立たないということである．「別居後同居」がこのグループに多いことにも注目しておきたい．別居後同居とは一旦別々に世帯を分離し住まいも別であった者が，親が年をとったために同居するようになった者である．この第2グループは5割弱であり最も多い．同居世帯の中核と考えられる．

第3は年金が179万円以下で借家で別居である．すべての条件が悪いグループである．8％を占める．しかし，おなじ179万円以下で借家の者の中に同居しているものが8％強みられる．この場合，同居と別居とどちらがより

悪い条件のもとにあるかは一概にはいえない．一方は無理のある同居であり，他方は，困難を抱えていても同居できないでいる無理をしている別居（同居者としての子供がいない者を含む）かもしれない．

以上のように，経済的な条件の違いのもとに同居，別居があることを指摘したい．

(3) 高齢者と世帯類型の変化

1) 世帯類型の特徴

高齢者を含む世帯は，一定の家族の形を保持するものではなくて変化するものである．その変化についてみる前に，まず，調査時点でみて高齢者がどのような世帯類型をとりながら生活しているかを表5-2により概観しておきたい．高齢者のみの世帯は29％，既婚の子供と同居しているのは44％，

表5-2 世帯類型（世帯票）

(%)

	60～74歳	75歳以上	合計
1. 老単身	9.5	8.6	9.1
2. 老夫婦	23.7	14.2	18.8
3. その他老人のみ	0.8	1.7	1.3
小　計	34.3	24.2	29.2
4. 老単身＋既婚子	17.6	42.3	29.8
5. 老夫婦＋既婚子	14.9	14.0	14.4
小　計	32.6	56.3	44.2
6. 老単身＋未婚子	10.0	8.2	9.1
7. 老夫婦＋未婚子	18.2	4.6	11.4
小　計	28.3	12.7	20.5
8. 老単身＋子欠損家族	1.4	2.9	2.2
9. 老夫婦＋子欠損家族	1.1	0.8	1.0
小　計	2.5	3.7	3.2
10. その他	2.5	2.7	2.6
不　明	0.4		0.2
合　計	100.0	100.0	100.0

未婚の子供と同居が21％，子供が母子世帯等の欠損世帯であるものが3.2％である．子供と高齢者の同居というと既婚子との3世代家族をイメージするが，実際は未婚子との同居や欠損世帯との同居が少なからずあり，既婚子との同居は同居世帯の中の3分の2である．老夫婦揃っていて子供世代と同居しているのは子供と同居しているものの中の2割でしかない．高齢期前期といわれる74歳以下の場合と後期の75歳以上の場合とで世帯類型は異なっている．当然ともいえるが，同居率は後期において高まる．[2]

2) 加齢と世帯類型の変化

それがどのようであるか，加齢による世帯類型の変化を詳しく示すと表5-3および図5-1-1，および図5-1-2のようである．既婚子との同居の増加がいちじるしい．60～64歳の21％から85歳以上の61％まで年齢階級の高まりに対応して高率となる．なかでも「老単身＋既婚子」の増加が顕著である．他方で老人のみ世帯と，未婚子との同居世帯は減少する．老人のみの世帯が減少するということは，子供との同居世帯へ移行していると解釈できるが，「老人単身＋既婚子」が増加するのは，老夫婦の一方が亡くなったあとに，親が転入するにせよ子ども世帯が転入するにせよ子供世帯との同居に移行していることである．[3]

目下同居しているものについてみると，一旦老人のみ世帯になり後に子供と同居するようになった者をわれわれは「別居後同居」と呼ぶことにしたが，その割合は24％である．このように，別居後同居の割合は4分の1ほどである．必ずしも多いとはいえないが，64歳以下のもののところをみると老人のみ世帯は38％であり，既婚子との同居は21％でしかない．したがって今後は一旦老人のみ世帯となり，後に再同居するものが急速に増加していくようになるであろう．

ところで，同居に関連して，さらに2つの点を注目すべきこととして指摘しておきたい．第1は，同居は既婚子とは限らないことである．老人単身だ

表 5-3　老人代表者の年齢と世帯類型（世帯票）

(%)

	老人単身	老人夫婦	その他の老人のみ	小計	老単+既婚の子	老夫婦+既婚の子	小計	老単+未婚の子	老夫婦+未婚の子	小計	その他	合計	世帯数
60〜64歳	9.0	27.3	1.3	37.6	10.9	9.9	20.8	10.6	25.6	36.2	5.4	100.0	375
65〜69歳	9.9	21.3	0.3	31.6	17.6	18.6	36.2	8.9	19.9	28.9	3.3	100.0	301
70〜74歳	9.7	22.3	0.6	32.6	25.3	17.4	42.7	10.4	8.2	18.6	6.1	100.0	328
75〜79歳	9.2	17.4	0.2	26.8	40.2	13.7	53.9	8.0	6.2	14.2	5.1	100.0	562
80〜84歳	8.6	11.1	1.7	21.4	40.8	18.0	58.8	9.7	3.1	12.8	7.0	100.0	289
85歳以上	5.8	7.3	8.0	21.1	54.0	6.6	60.6	5.8	0.7	6.6	11.7	100.0	137
合　計	9.1	19.0	1.2	29.4	29.8	14.5	44.3	9.1	11.4	20.6	5.7	100.0	1992

図 5-1-1　高齢代表者の年齢と世帯類型　〜74歳

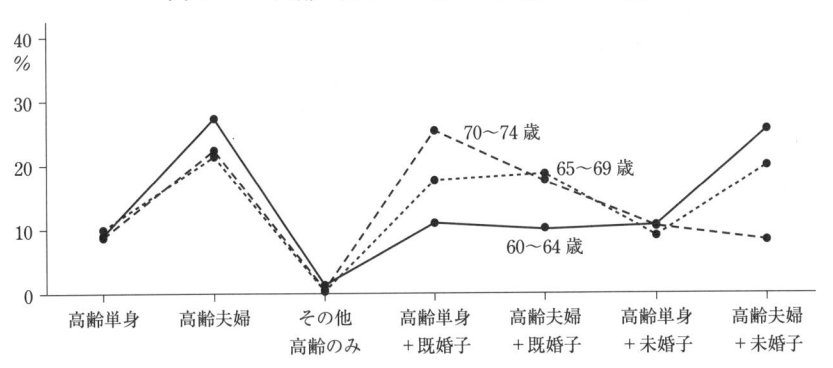

図 5-1-2　高齢代表者の年齢と世帯類型　75歳〜

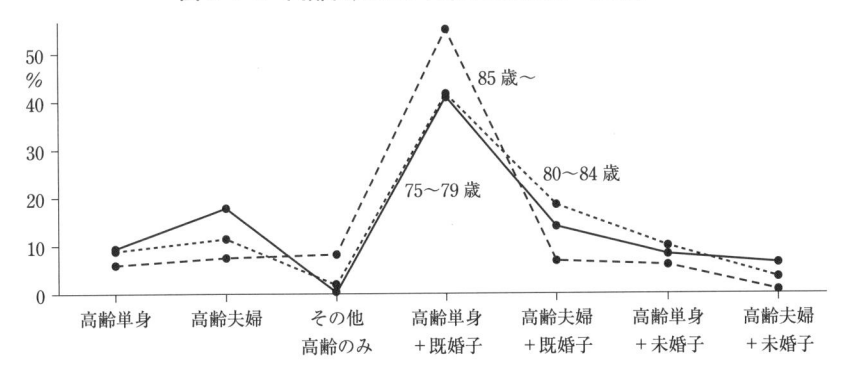

表5-4　老人単身との同居家族

(%)

	60～74歳	75歳以上	計
老人単身	23.6	13.4	17.4
老単身＋既婚子	43.8	65.9	57.1
老単身＋未婚子	24.9	12.8	17.4
老単身＋子欠損	3.5	4.5	4.2
老単身＋その他	4.2	3.4	3.8
計	100.0	100.0	100.0

け取り出してその世帯類型をみると，表5-4のようである．未婚子との同居が75歳以上でもかなりみられるが，その子供の年齢は，少なくとも30歳以下では有り得ない．40歳代，50歳代の未婚者である．第2は，ともあれ，このように，高齢者ほど同居の傾向が強い中で，老人のみ世帯が85歳以上でも2割を占めている．特に老人単身が80～84歳まで一貫して1割弱みられる．同居しない，もしくはできないものが1割はあるということである．

3) ADLの低下と世帯類型の変化

次に，ADL（日常生活能力）の低下との関連についてみてみたい．それを示すと表5-5のようである．加齢との関係でみた傾向とほぼ一致するが，まったく同じというわけではない．ADLの低下にともなって既婚子との同居，なかでも「老単身＋既婚子」が同様に増加する．寝たきりでは68％が既婚子と同居し，「老単身＋既婚子」の割合は50％である．

だが，他方で，老人のみ世帯の中の老夫婦世帯の割合がほとんど減少しないことに注目したい．かなりの高齢になっても夫婦の片方がもう片方を介護している．また，老単身は「寝たり起きたり」のADL段階までしか在宅ではない．それは当然であろう．さらに，未婚子との同居の割合もADL低下と関係なく2割程度を占め，ADLが低下しても減少しないことが注目される．「寝たきり」となってはじめて半減する．このような介護力や同居条件

表 5-5　ADL の低下と世帯類型の関係（個人票）

(%)

	老人単身	老人夫婦	その他の老人のみ	小計	老単＋既婚の子	老夫婦＋既婚の子	小計	老単＋未婚の子	老夫婦＋未婚の子	小計	その他	合計
1. バス電車で外出	7.2	27.7	2.0	36.8	18.6	19.1	37.7	7.2	14.6	21.8	3.6	100.0
2. 近所へ外出	7.2	21.7	1.3	30.3	26.0	18.4	44.4	5.8	11.8	17.5	7.8	100.0
3. 家の中で普通に	4.5	16.4	3.2	24.5	31.8	18.2	50.0	9.1	8.6	17.7	7.7	100.0
4. 起きてはいるが動かない	4.9	12.3	2.5	19.8	39.5	13.6	53.1	7.4	11.1	18.5	8.6	100.0
5. 寝たり起きたり	1.9	13.2	0.0	15.1	45.3	17.0	62.3	13.2	5.7	18.9	3.8	100.0
6. 寝たきり	0.0	17.6	2.9	20.6	50.0	17.6	67.6	5.9	2.9	8.8	2.9	100.0
合　計	6.7	24.0	1.9	32.7	23.5	18.6	42.1	7.0	12.8	19.8	5.4	100.0
3. 4. 5. 6. の再掲	4.1	12.1	2.6	21.8	36.8	17.0	53.9	9.0	8.2	17.3	7.0	100.0

があるとはいいがたいものが要介護者を抱え込まなければならない事態が実際に存在するのである．

4)「別居後同居」について

「別居後同居」の最近の傾向をとらえるため，またなぜ同居するのかその理由をわかりたく，調査時点前の10年間にA市へ転入，同居したケースに限定して，いくつかの側面について特徴をとらえることを試みた．全部で134ケースであるが，その結果は，表5-6のその1からその3までのとおりである．

年齢を3区分して特徴をとらえている．その人々の同居時の年齢は，60〜64歳で同居した者が35％，65〜75歳が47％，75歳以上が18％である．再同居した年齢は，要介護者が多くなるといわれる75歳以上の高齢後期のものは思ったより少ない．

まず，その1の表をみると，60〜64歳では子供が転入してきており，老夫婦揃っているものが7割である．65歳以上になると事情が一変し，逆になる．親が転入し，その親は単身である．

その2の表で，経済的条件をみると60〜64歳では年金が180万円以上の

表 5-6　別居後同居者の特徴

その1　同居時年齢と同居事情　(%)

		～64歳	65～74歳	75歳～	合　計
転入者	子が転入	73.1	36.4	25.6	40.3
	親が転入	26.9	63.6	74.4	59.7
夫婦か	夫婦で同居	72.4	37.5	20.9	39.8
	単身で同居	27.6	62.5	79.1	60.2

注：各升目ごとに縦計が100%

その2　同居時年齢と経済的背景　(%)

		～64歳	65～74歳	75歳～	合　計
年金額	180万円以上	48.0	27.1	10.3	25.9
	96～179万円	12.0	25.0	23.1	21.4
	95万円以下	40.0	47.9	66.7	52.7
家計	一緒でなくても困らない	46.2	25.9	30.2	31.7
	どちらとも言えない	11.5	18.5	7.0	13.0
	一緒でないと困る	42.3	55.6	62.8	55.3
持家名義	自分	56.0	21.4	22.9	29.3
	以前自分，いま子ども	16.0	16.1	11.4	14.7
	以前から子ども	12.0	48.2	51.4	41.4
	その他	16.0	14.3	14.3	14.6

注：同上

その3　同居時年齢と身体状態　(%)

		～64歳	65～74歳	75歳～	合　計
就労	就労中	53.3	20.0	11.9	25.2
	無業・退職	46.7	80.0	88.1	74.8
ADL	車，バスで外出可	59.4	41.8	32.6	43.1
	近所，家では動ける	34.4	43.7	48.8	43.1
	寝たり起きたり	6.2	14.5	18.6	13.8
健康	健康	82.8	50.9	42.9	55.7
	病気，病弱	17.2	49.1	57.1	44.3

注：同上

ものが約半数と多くを占め，他の年齢層と顕著に違う点である．しかし，95万円以下の者の割合が60〜64歳で4割と少ない．

家計の上で一緒でないと困るかという質問に対する回答もほぼ年金と同じ傾向を示している．相対的に若い年齢層の中に困るものと困らないものが同じように含まれている．次の持家の名義は60〜64歳では7割が親，および以前親の名義である．65歳以上では子供名義の者の割合が多くなる．

次に，その3の表で身体状態をみると，60〜64歳では身体的理由で同居の必要があると思われる者は少ない．65歳以上ではADL，病気病弱のものの割合は増加するが，ADLが「寝たり起きたり」のものは65〜74歳で15％，75歳以上で19％である．最も多いのは近所や家では動けるというものであり，日常生活がやや不自由になり不安があるというものである．

以上を，まとめると，60〜64歳の同居は，主として，親の経常的な生活費の不十分なものがかなり含まれるものの，子供の住宅問題も同居の理由といえる．加えて親サイドの将来的な介護問題が考慮されての同居であるだろう．65歳以上の場合でも，経済問題，健康問題，単身になったこと，それらが複合しているといえる．つまり，身体状態の低下が特に大きな，または直接的な同居理由というわけでは必ずしもないのである．同居はしたがっていろいろな面で子どもの世話になることを意味するのである．それだけに子供の負荷は大きいといえる．

2. ADLの低下と介護，および日常生活の実態

次に，介護の内容に目を向けたい．この章では，在宅病弱老人生活実態調査（1988年）からとらえたADLと介護状況，高齢者の日常生活の状況の関連について具体的に述べたいと思う．在宅で，つまり家族の中で，身体状況が低下したときどのような介護を受けることができ，どのような生活内容でありうるであろうか．

調査の概略を述べれば，医療との関係をとらえたいという調査目的もあ

り，調査対象者を入院歴のあるもので病弱であるものとし，1986年の上記全体調査で入院していた者および市の資料による退院者742名からスクリーニング調査によって選び出したが，ADL が（1）バス電車で外出する，（2）家の回り近所なら外出する，（3）家の中で普通にしている，（4）起きてはいるがあまり動かない，（5）寝たり起きたり，（6）寝たきりの6段階のうち（3），（4），（5），（6），のものを病弱者として調査対象とした．700名余から選んだのだが，上記条件の者は，50名と少なかった．したがって，分析の方法としては煩瑣であるがケーススタディとならざるをえない．

　日常生活能力 ADL が（3），（4），（5），（6），と低下するにしたがって，介護および老人の生活は変化している．その様子を順次追って説明したいのだが，紙数の関係で「（5）寝たり起きたり」から「（6）寝たきり」への変化を中心にせざるをえない．

　日本の要介護老人の生活のあり方の特徴として，行動半径の狭さに特徴がある．そのことは，「（3）家の中で普通に動いている」ときから始まるといえる．家の中で普通に動いているときは，普段着に着替え，居間でテレビをみたり，庭の草むしりをしたり，新聞や本を読んだり，疲れたらちょっと横になったりである．散歩には外に出かける．時間のメリハリはあり，きちんとした生活である．一見したところ問題はないようにみえるだろう．だが，身体能力としては屋外歩行が可能である人でも，屋外へはせいぜい近所を散歩するにすぎない．人間関係も家族内に限られがちである．退院時の能力としては屋外歩行可能であった者も徐々に屋内しか動けないように変わっていくことになる．同居家族への遠慮がありまた近隣に友人といえる者がいない．友人を家に呼ぶことも行くことも遠慮する．地方から出てきて同居したので地理に不案内でポストの場所すらもわからない．交通量が多いから，あるいは転ぶから危ないので外出するなと子供に言われる等々，以上は調査の面接時に聞いた事柄である．同居している高齢者はある時から，ちんまりと生きることになるようである．高齢者の大方がちんまりと，世話されるもの

としての分をわきまえて生きなければならない．

　ちんまりとした生き方の先に「(5) 寝たり起きたり」がある．さらにその先に「(6) 寝たきり」がある．その状況を表 5-7 および表 5-8 でみることにしたい．「寝たり起きたり」とは ADL つまり日常生活能力のことである．その基となるのは身体能力であるが，まったく一致するわけではない．室内歩行可のものが 15 ケース中 9 ケースである．ベッド上座位保持可が 5 ケースである．室内歩行可のものが起きて歩くことに不思議はない．むしろ，寝るのはなぜかである．ベッド上座位保持可のものは車イスか，介助してもらうか，抱きかかえてもらうかでなければ食堂や風呂場に移動できない．不十分な身体能力に加えて中度以上の認知症があるものが 6 ケースである．

　さて，このような身体能力の者の不可能動作（○印）と介護（△印）の関係を b 欄にみると，○印のついた不可能動作はそれほど多くない．「浴槽出入り」，「身体を洗う」ができない者は多いが，それ以外では「立ち上がる」，「歩く」にいくらか印がついている程度である．○印があって△印がないのは，できないことがあるのにそれに対処していないことである．○印がないのに△印がついているのはできることまで介護しているということである．△印が多いケースは No. 3, No. 9, No. 13 である．これらのケースは，リハビリにも熱心で，よく介護している．No. 3 は夫婦世帯であるが家政婦が介護に当たっている．No. 9 は既婚子との同居世帯で家族内の介護力があり，介護に熱心である．No. 13 は重度の認知症で失見当，徘徊，興奮等の問題行動があり介護の手がかかるケースである．これらの 3 ケースを除けば，概して，介護はあまりなされていない．自助具や介護用品は杖，車イス，ポータブルトイレ，ベッドである．車イスは市から借りても利用されることは少なくほこりを被っていることが多い．自立生活の工夫についての質問に回答した者は少ない．

　調査日前日に老人がしていたことについて尋ねたが，寝ていたとかテレビといった一言での回答がほとんどであった．1 日の中で実に何も起こらない

表 5-7 「寝たり,

No.	世帯類型と年齢	a 身体的能力			b 介護について									
		現在の身体的能力	ボケの有無	退院後のリハビリテーション	不可能動作（○印）と介護（△印)										自助具
					寝返り	立上ちがる	歩く	食べる	便器使用	オムツ	着る	浴槽出入り	身洗体うを	
1	2-70	2 屋内歩行可	中度	なし								○△	○△	なし
2	2-80	2 屋内歩行可	なし	なし										なし
3	2-81	2 屋内歩行可	なし	市のリハビリ機械など使う歩行訓練	△	△	△	△			○△	○△	○△	杖
4	4-79	3 ベッド上起坐位保持可	中度	なし						夜のみ		△	△	車イス（市から）
5	4-79	3 ベッド上起坐位保持可	中度	月一度医者の往診，手足を動かすアドバイス		○△						○△	○△	ポータブルトイレ
6	2-86	2 屋内歩行可	なし	なし										なし
7	4-94	3 ベッド上起坐位保持可	なし	なし		○△	○		△	△		○		なし
8	5-74	2 屋内歩行可	中度	なし				△				○△	○△	なし
9	5-82	2 屋内歩行可	なし	マッサージ，家の中を5回歩く	△	△		○△	○	△		○△	○△	杖 ポータブルトイレ
10	6-73	2 屋内歩行可	なし	なし					○△					なし
11	6-81	2 屋内歩行可	なし	なし										なし
12	7-89	3 ベッド上起坐位保持可	中度	なし			○△		△			○△	○△	おまる
13	7-79	3 ベッド上起坐位保持可	重度	なし			○△	○△		△		○△	○△	電動ベッド，杖，車イス
14	7-70	2 屋内歩行可	なし	不明							○△	△		杖，車イス（市から貸与）
15	8-79	3 ベッド上起坐位保持可	なし	なし			○△	○△				○△	○△	車イス

起きたり」の状況

介護用品の購入	家の改造	自立生活のための工夫	c 老人の生活						
			調査日前日の一日の行動			最近の生活			
			午前	午後	夕刻	散歩	買物	普段着着替へ	入浴
なし	なし	なし	散歩,寝る	寝る	寝る	する介助	○	×	不明
なし	なし	なし	寝たり起きたり、テレビを見たり	簡単な掃除 庭の手入れ	テレビを見て9:30就寝	×	×	×	週1回
スカット	手すり	手すりをつけた	家政婦による体操マッサージ	テレビ	6:00ねむる	○	×	○	週3回
なし	なし	なし	テレビ	テレビ	夕飯だけ家族と一緒	×	×	×	月1回
医療用ベッド,車イス,ポータブルトイレ	なし	なし	テレビをボーッと見ている	〃	洗濯物タタミをする	○	×	○	週1回
なし	なし	なし	不明	不明	不明	不明	×	×	不明
ポータブルトイレ	した	なし	寝ている	寝ている	寝ている	×	×	×	月2回
なし	新築時に手すりをつける	なし	布団に入ってテレビを見る。食事とトイレはおきる	〃	〃	×	×	×	週2回
ベッド	なし	自分で食事、手足のマッサージ、散歩	具合が悪かったので,寝ていた	〃	〃	○	×	×	不明
ポータブルトイレ	なし	なし	テレビ 5,6回トイレに起きる			○	×	×	入浴していない
なし	なし	なし	新聞,テレビ	寝ている	寝ている	×	要○介助	×	月1回
杖,ポータブルトイレ	なし	なし	テレビ 近所の人と話す	テレビ	テレビ	×	×	×	月2回
電動ベッド,車椅子,ポータブルトイレ	なし	なし	寝たり起きたり	〃	寝ている	×	×	×	週2回
不明	なし	動くように	寝ている	寝ている	寝ている	○	×	×	週1回
なし	なし	なし	テレビを見る	テレビを見る 風呂に入る	テレビを見る	○	○	○	週3回以上

表 5-8 「寝た

No.	世帯類型と年齢	a 身体的能力			b 介護について									
		現在の身体的能力	ボケの有無	退院後のリハビリテーション	不可能動作（○印）と介護（△印）									自助具
					寝返り	立上がる	歩く	食べる	便器使用	オムツ	着る	浴槽出入り	身体を洗う	
1	4-85	4 全介助	重度	なし	○△	○△	○△		○△	△	○△	○△	○△	車イス
2	4-85	3 ベッド上起坐	中度	なし			△					○△	○△	杖 車イス
3	4-85	2 屋内歩行可	軽度	なし					○△					杖 車イス
4	4-86	3 ベッド上起坐	なし	なし		○	○		○		○	入浴せず		なし
5	4-89	4 全介助	なし	あり 保健婦による		○△	○△		○	△	○△	○△	○△	ベッド（市から借用）
6	5-74	4 全介助	なし	あり 保健婦による保険体操	○△	○△	○△	○△	○△	△	○△	○△	○△	なし
7	6-83	4 全介助	なし	なし			○	○△	○	△	○△	○△	○△	ベッド（フランスベッドから借りる）
8	6-87	4 全介助	中度	なし			○		○	△	○	○		なし

のである．メリハリのある暮らしといえるのは No. 2 と No. 3 の 2 ケースにしかみられない．普段着に着替えるのは 3 人である．入浴回数が少ないことに注目したい．不明つまり回答しなかったものが 3 ケースであるが，入浴回数が少ないため返答を避けたのであろう．入浴の介護は大変な作業である．

このように，介護はできる範囲の中でなされているのである．積極的介護はなされていない．とはいえもちろんそれでも大変であり，それしかできないのであるから外から非難できることではない．だが，その結果として屋内歩行可の身体能力がありながら，座って，あるいは寝ながらテレビを終日み

り」の状況

介護用品の購入	家の改造	自立生活のための工夫	調査日前日の一日の行動			最近の生活			
			午前	午後	夕刻	散歩	買物	普段着へ着替	入浴
車イス	なし	なし	寝たきり	3:00入浴	寝る	×	×	×	週1回
ポータブルトイレ	ブザーをつけたが取りはずす	食堂まで1人で歩かせる	寝たきり	寝たきり	寝たきり	×	×	×	週1回
ポータブルトイレ	老人部屋にひさしをつける	なし	不明	不明	不明	×	×	×	週2回
なし	なし	なし	テレビ	テレビ	テレビ	×	×	○	入浴せず
ゴム便器	手すり	極力自分でスプーンで食べる。テレビリモコン	ラジオ	ラジオ	テレビ	×	×	×	週3回
なし	手すり	なし	テレビを見ている	外を見るなど	寝る	○	×	×	月二回
なし	なし	なし	寝ていてテレビを見る	寝ていた	寝ていた	×	×	×	不明
ベッドヒーター	なし	なし	テレビを見てボーっと寝ている	〃	〃	×	×	×	不明

ているというか,テレビがつけてあるという暮らしになっている.

「(6)寝たきり」とはどういうことか,表5-8によると,身体的能力はさらに低下しているが全介助が必要なものばかりではない.不可能動作は増えているが,それに対応した介護がなされていない.寝たきりにして,オムツをしておく方がむしろ楽だという介護者の話もよくきいた.何よりも指摘したい点は「寝たり起きたり」の生活状況の延長線上に「寝たきり」があることである.寝たきり,オムツ使用が老人病院や特別養護老人ホームの問題点として指摘されるが,在宅でも同じなのである.ただ,在宅の場合は他人の

目にふれないのでわかりにくい．調査のため，各家庭を訪問しながら，「在宅」とは外から内部が見えないブラックボックスだと感じたことであった．

3. 老人病院，特別養護，老人病院にみる介護の社会化

以上のような在宅の介護と老人病院や特別養護老人ホーム（身体能力が低下しているものが所得に関係なく利用できる）とはどのような関係にあるであろうか．介護を担当するホームヘルパーが極端に不足している現状では，社会化しているといえるのは病院や社会福祉施設である．

老人病院は習志野市内において1ヵ所調査可能であった．入院している患者の担当看護師の方々および事務職員の方に用意した調査票に記入してもらうという方法をとった．特別養護老人ホーム（以下特養老人ホームという）も用意した調査票に記入してもらったものである．直接面接調査をしたわけではないが，看護師やケースワーカーの専門職の人々の判断の方がむしろ確かである．だが，知りたいと思うデータが得られないという制約は生じる．特に老人病院の方はデータの種類が少ないし，得られたデータは当該病院の特殊性の影響が大きいかもしれない．

さて，はじめに，ADLと身体状況について示すと表5-9のとおりである．老人病院入院者も特養老人ホーム入所者もADLおよび身体状況は総じてかなり低位であるといえる．寝たきりまたは認知症，さらにそれらの重複のものである．老人病院の方は寝たきりで排泄に問題をもつ者が多く，特養老人ホームは，認知症の重度の者がより多い．問題行動をもつ認知症のある者を特養ホームが受け入れている．

家族の条件は，老人病院の方は正確にとらえることが難しいが，同居，別居あわせて子どもがいないのは，1％だけである．特養老人ホームは14％である．このふたつの％の数値を比べると特養老人ホームの方が子供のいないものが多いのであるが，特養でも14％であるから，決定的な違いとはいえないし，両者とも子供が無いことのみが病院や施設を利用する理由とはい

表 5-9-1 老人病院と特別養護老人ホーム利用者の身体状況の比較

〈老人病院〉
入院時のADL (%)

	歩行	食事	用便(尿)	用便(便)	会話	聴力	理解力
一人で出来る	6	42	5	6	29	49	24
多少出来る	6	12	7	2	25	34	35
介助があれば出来る	21	35	4	5	19	3	16
出来ない	59	1	75	78	16	3	13
不明	8	10	9	9	11	11	11
合計	100	100	100	100	100	100	100

入院時の状態 (%)

	痴呆	じょくそう	失禁	マヒ	徘徊
なし	35	72	13	55	81
あり	51	21	71	37	7
不明	14	6	16	8	12
合計	100	100	100	100	100

表 5-9-2 老人病院と特別養護老人ホーム利用者の身体状況

〈特別養護老人ホーム〉
入所時のADL (実数)

	歩行	食事	排泄	入浴	着脱
一人で出来る	32	67	11	6	9
一部介助	32	29	29	22	49
全介助	34	2	48	70	39
不明	0	0	0	0	0
合計	98	98	98	98	98

入所時の状態 (実数)

	臥床	じょくそう	失禁	障害	痴呆	徘徊	火扱い	不潔行為	興奮攻撃
なし	30	90	43	67	35	63			
あり	66	8	54	31	63	36	19	15	19
不明	2	0	0	0	0	0			
合計	98	98	98	98	98	98			

表 5-10　同居家族員の続き柄

	老人病院(%)	特別養護老人ホーム
配偶者	23	24
長男	34	28
次男以下	5	14
長女	10	12
次女以下	4	6
長男の妻	18	18
次男以下の妻	3	10
その他	2	9
同居者なし	7	26
不明	21	0
合計	127	147
ケース合計	100	98

えない．

　同居家族の続き柄を示すと表5-10のようである．表をみると入所，入院前の同居者なしが老人病院で7％，特養ホームで26％である．また長男もしくはそれ以外の男子と同居の者の割合やその妻のいるものの割合をみると家族の条件は両者とも高齢者を含む世帯の平均的な家族の条件よりは確かに悪いといえる．しかし，子供の有無の条件とも合わせ考えるならば，家族的条件は相対的なものであって，絶対的困難とはいえないようにみえる．

　特養老人ホーム入所者については，より詳しいデータが得られたので，同居世帯員と家庭内の特別な事情を一覧表にしてみた．表5-11のとおりである．問題行動や寝たきりなどがあり，重度の要介護状態であるものに○印を付記している．世帯類型別にみて，入所以前に単身であった者を除いて，夫婦，既婚子と同居，および本人が女子で未婚子と同居だったものの家族の特

表 5-11-1　特別養護老人ホーム入所時の家族の状況と身体状況（男）

	同居世帯員及び特別事情	痴呆のある者	問題行動のある者	歩行全介助
1 単身	なし			
	なし			
	なし	○	○	
	なし			
	なし			
	なし			○
	なし	○	○	
	なし			
	なし			
2 夫婦	妻86歳，病弱，介護疲れ	○		○
	妻82歳	○	○	
	内妻	○	○	○
	妻72歳入院			
	妻79歳入院中	○	○	
	妻72歳	○	○	
3 既婚子と同居	長男＋長男妻	○	○	○
	妻76歳肺炎＋長男＋長女の夫，農業	○		○
	三女パート＋三女夫	○	○	○
	長女病弱＋長女の夫			○
	次男＋次男妻			○
4 未婚子と同居	長女＋次女，ともに就労			
	妻69歳うつ病＋長男シンナー中毒			
	妻82歳入院＋長男			
	妻68歳＋三男障害1級	○		○
	妻特養入所中＋長男			
	妻73歳＋長女精神病入院中			
	妻74歳＋長男	○	○	
	次男，中度障害			○
5 その他	義姉＋甥＋甥の妻			

表 5-11-2 特別養護老人ホーム入所時の家族の状況と身体状況（女）

	同居世帯員及び特別事情	痴呆のある者	問題行動のある者	歩行全介助
1 単身	なし			
	なし			○
	なし	○	○	
	なし			○
	なし	○	○	
	なし	○	○	
	なし			
	なし	○	○	
	なし			
	なし	○	○	
	なし	○	○	○
	なし	○	○	
	なし			○
	なし	○	○	
	なし	○	○	
	なし	○	○	
2 夫婦	夫老人ホーム入所	○	○	
	夫, 79歳			○
	夫, 69歳, 高血圧, 心不全			○
	夫, 82歳	○	○	○
	夫, 67歳, 障害あり			○
	夫, 76歳, 病弱			○
	夫, 79歳			
	夫, 72歳, 喘息, 入院中	○	○	○
	長女＋長女夫入院中	○	○	
	長男＋妻パート	○	○	
	長男＋長男妻	○	○	○
	長男＋長男妻, 長男妻の母介護中	○	○	
	五男＋五男妻	○		
	長女＋長女夫入院中	○	○	
	長男＋長男妻	○		○
	長男＋長男妻胃炎			
	三男＋三男妻保険外交員	○	○	
	長男＋長男妻, レストラン経営			
	長男＋長男妻妊娠5カ月	○		○

3 既婚子と同居	長男＋長男妻, 妻の疲労	◎	○	
	長女＋長女夫, 自営	○	○	
	次男＋次男妻	○	○	
	次男＋次男妻	○		○
	長男＋長男妻バセドウシ病通院中	○	○	
	長男＋長男妻	○	○	○
	次男＋次男妻	○	○	○
	長男＋長男妻, 夫配送, 妻清掃	○	○	
	長男＋長男妻	○	○	
	長男＋長男妻	○	○	○
	三女パート＋夫	○	○	
	三男＋三男妻, 三男月収10万円	○	○	
	六男＋六男妻, 六男失業, 子ども入院	○	○	○
	三男＋三男妻, 三男単身赴任	○	○	
	長男＋長男妻	○	○	○
	長女＋長女夫, 長女通院中		○	
	次男＋次男妻, 孫難病	○	○	
	長男＋長男妻, 土建自営	○	○	
4 未婚子と同居	次女	○	○	○
	養子, 精神病入院			
	長男身障, 精薄5級	○	○	
	長男			
	長男	○	○	○
	夫73歳＋次男	○	○	
	三男	○		○
	長男			
5 その他	長男, 長男の妻離婚			○
	長女, 長女の子障害2級	○	○	
	夫＋養子老人に無関心	○	○	○
	長男＋長女の子	○	○	
	養女＋夫, プレス自営	○	○	
	次女＋次女の長女	○	○	
	長男, 長男の妻が実家に帰る			
	養女＋夫, 養女パート			

別事情をみると，当該老人以外の者の中に病気や障害を抱えるものがほとんどである．しかも，老人は重度の問題行動や寝たきりの者である．このような状態になって，特養ホームに入所できている．なかには，家族が就労しているためという単純な理由のケースもあるが，それはまれなケースであり，そのほとんどは子供が未婚の男子で仕事をしている場合である．老人病院の家族の事情はおそらくはこれほどではないかもしれない．特養ホームをみる限り，入所ケースの特徴は，極度の困難を家族ぐるみで抱えている，いわゆる「多問題家族」といえる．[4]

おわりに

介護の形態とレベルについて，経済的要素を絡ませながらその実態をみてきたのであるが，第1に指摘できることは，同居という形態による家族依存度の驚くべき高さである．同居は介護要素にのみ起因するわけではなく複合的要因によることは先に述べたとおりであるが，差し迫っての介護あるいは将来的な介護が重要な要因であることには違いない．注目したいのは，同居が従来型の直系家族としてのものばかりではないことである．核家族化は確かに進行していて，老人夫婦，老人単身という老人のみ世帯が増加している．だが，老人のみ世帯が，必ずしもライフサイクルの最終ステージではない．よくいわれるところの「住み慣れたところ」で最後まで暮らしていくことは，子供が親の居住地から仕事のあるところへ地域移動せざるをえないことや老人のみの生活を支える福祉施策が不十分な条件下にあっては，出来にくいことである．老人のみ世帯から子供との同居世帯へ地域移動をも含みながら還流することになる．それが「別居後同居」である．調査時点ではそれは同居世帯の24％であったが，これからは増加がみこまれるところである．幸いにもA市は東京の近郊にあり，住宅条件がよいことから子供を転入させることができている者が多い．

別居後同居の場合，同居という密着した関係の中で，親世代と子世代の良

好な関係を新しく作り上げることは容易なことではなく，時に関係がこじれることも少なくない．それでも，高齢者のみの生活が成り立たないとすれば同居するしかない．同じ事情から，同居の子どもは既婚子とは限らず，未婚子との同居がなされている．未婚子との同居は，子供が結婚前の年齢ならば問題とすることではないが，そうとばかりはいいきれない．親の存在が子供の結婚にどれほど影響しているかは定かではないのだが，子供の自由をなにがしか縛ることにはなってはいるだろう．老親と40歳代以上の子供との同居はとても「普通」＝ノーマルな暮らしとはいい難い．老親介護の問題は，すでに家族の介護力をこえている．同時に，家族介護としては夫婦間介護が多いことの問題にも目を向ける必要があることを指摘しておきたい．配偶者は要介護者とそれほど年齢が違わないので，夫であれ妻であれ高年齢のものが介護に当たっているのである．

　第2にいえることは介護内容の貧困である．要介護になる以前の高齢期の生活そのものがちんまりと貧弱であるとするならば，介護だけが立派になるわけがない．介護方法についての知識の不十分さもあろうが，人手も少なく，積極的介護の必要性も感じられていない．「寝たきり」になればそのまま世話するまでである．食べること，排泄の世話，できる限りでの身体の清潔さの保持である．積極的介護は，一般に家族介護ではなしえていないといえる．

　もし，「介護保険」がつくられたとして，このような結果としての「寝たきり」を切り取り，その部分への対応しか考えられないとしたら，「寝たきり」は，家族の中でか，施設の中でか増加し続けることになるのではなかろうか．「寝たきり」は，身体的状態の老化の当然の帰結ではないことは明らかである．

　以上，高齢者の生活の諸側面の「変化」を追いながら高齢者の介護実態を述べてきたが，一様なライフサイクルが展開しているのではない．変化は条件により多様であった．「多様なニーズ」という用語が多用される昨今であ

るが,「多様なニーズ」の意味を実態をふまえて厳密にする必要があると考える.

　(基礎調査は,大野勇夫(日本福祉大学),松崎粂太郎(上智大学),松崎泰子(淑徳大学),岩田正美(都立大学)諸氏との共同研究であり,その他の調査は大野勇夫氏との共同研究である.全体の研究責任は川上にある.)

(『今日の生活と社会保障改革』社会政策叢書第19集,啓文社,1995年10月)

注)
1) 老後生活を規定するファクターとしては複数の要素があげられる.たとえば,佐藤嘉夫は「中高年労働者の生活実態」(江口英一編『社会福祉と貧困』所収)の中で,子ども,年金,貯蓄をあげている.
2) 世帯類型の分類は,松崎粂太郎の主導の下に行われ,川上も一部参加した1980年代の一連の川崎市高齢者生活実態調査に用いられている分類を踏襲している.
3) 同居率は,主として社会規範の影響により年齢が高いほど高率であるが,ここでは,その側面を捨象して論じている.
4) 当市における老人福祉行政は,実質的に専門職といえる職員により担われており,特養ホームへの入所措置において,必要性に優先性がおかれている.その結果として,このような多問題家族のものが入所者となっていると思われる.

6 高齢者生活と老後保障

はじめに

　1980年代の中頃から始まったいわゆる社会保障改革は，この20年余を通して一貫して進行しており，年金改革，健康保険の改革，老人保健制度の改革，介護保険の創設および改革と，「改革」は，各制度について数次にわたって行われてきており，どのような体系と保障内容として最終的に止まるのか，わからない今日の状況にある．

　そのような社会保障の全般的な改革状況の中にあって，国民の生活実態，そのなかでの高齢者の生活の実態はどのようであるかを述べることが，6章の課題である．5章の都市における介護問題の現状は，1986年から1990年にかけて実施した調査に基づくものであった．ここでは，社会保障改革がどのような高齢者生活の状況の中で進められているかを，1990年から直近の資料として得られる2000年までの10年間の状況を主として『国勢調査』や『国民生活基礎調査』，『高齢社会白書』等により探ることとしたい．

　高齢者の生活をとらえるに当たり，高齢者がどのような枠組みの下で生活を営んでいるか，つまり，どのような生活条件の下にあるのかをとらえることが必要であると考える．一般に高齢化率の急速な高まりから高齢者生活保障の財源困難がもっぱら喧伝される．65歳以上人口の全人口に占める割合でとらえられる高齢化率は，1980年に9.1％，1990年に12.0％，そして2000年に17.3％と急速に高まっていることは確かである．高齢化率の高まりを問題視し，「改革」の必要がいわれるのであるが，そもそも高齢者が社会的被扶養者であることは「問題」であろうか．課題は高齢者を含み込んだ社会をいかに構築するかであろう．ここでは，就労の状況，所得の状況，家族扶養等の状況が実態としてどのようであるかをとおして考えることにしたい．

1. 就労状況

　高齢者が生活困難となるのは，退職または低位の労働条件の就労へ転職することにより，世帯所得が減少することが第1の理由であろう．近年における就労の困難には2つの理由が考えられる．1つは加齢による一般的な労働能力の低下である．自営業として働くにせよ，被用者として働くにせよ，加齢は労働能力を減退させる．もう1つの理由は，自営業が急速に縮小し，高齢者までもが働くとすれば，被用者として働かなければならなくなってきていることである．今日では第2の理由が重要である．被用者として働くということは，60歳の定年でまず区切られ，そして60歳以上の再雇用が今日の長期不況下において非常に困難になっている．

　表6-1はそのような事情を示している．この表は65歳以上の者の就業率と就業先の産業の性質を示したものである．表から，第1に就業率が近年急速に低下していること，さらに，高齢者の安定的就労先であった第1次産業従事者が減少していることがわかる．被用者として，雇われて働くものとしての老後生活の保障の必要が誰にとっても切実になってきているといえるのである．

表6-1　65歳以上就業者数と従事産業の構成比

(男子，％)

	就業率	構成比			
		第1次産業	第2次産業	第3次産業	合　計
1990年	34.2	31.3	25.3	43.4	100.0
1995年	36.0	30.5	22.7	46.2	100.0
2000年	29.1	27.5	23.4	48.8	100.0

　注：就業率とは65歳以上男子人口中，「主に仕事をしている者」の割合
　資料：国勢調査，1990年は第3巻第1表p.5より
　　　　1995年，2000年は国勢調査の『高齢人口と高齢者のいる世帯』p. 380，表8から作成

2. 年金収入の世帯所得への高い寄与率と水準の実態

老齢期の生活保障として，被用者の場合には特に，第1に重要であるのはいうまでもなく年金であろう．表6-2をみられたい．この表は「高齢者のみ世帯」について表したもので，高齢夫婦および単独世帯についてのものである．年金の世帯収入としての意義をとらえるには，同居世帯では複雑であるため高齢者のみ世帯に限定せざるをえない．表では世帯収入の中で年金が80％以上を占める世帯と100％を占める世帯について表示した．年所得額100万円未満の最も低位な世帯では年金収入が100％を占める世帯，つまり年金収入しかない世帯が70％をしめ，所得の大方が年金収入という80％以上を占める世帯をみると85％にもなる．年所得が100万円未満という低所得世帯において，かなりの者が年金だけを頼りにしている．低年金が直接的

表6-2 高齢者世帯の所得階級と，階級ごとの年金が収入の80％以上，および100％を占める世帯の割合

(%)

所得金額階級	世帯数	構成比	80％以上を占める	100％を占める
100万円未満	190	14.0	85.2	70.5
200万円未満	371	27.3	68.1	59.6
300万円未満	263	19.3	81.7	71.1
400万円未満	238	17.5	76.9	64.7
500万円未満	133	9.8	59.4	35.3
600万円未満	60	4.4	40	26.7
700万円未満	29	2.1	17.2	6.9
800万円未満	25	1.8	12	8.5
900万円未満	10	0.7	20	0
1000万円未満	11	0.8	9	9.0
1000万円以上	30	2.2	0	0
合　計	1360	100.0	68.2	57.2

注：上の構成比は年金有りの世帯についてのデータ．年金なし世帯が3.8％あり．
資料：「平成14年国民生活基礎調査」p.373，第67表から作成

に低所得を規定しているのである．

　100万円以上になると100％，80％の者の割合はいったん小さくなる．そして200万円から300万円以上で割合がマキシマムとなり，それ以上になると年金の占める割合が小さくなっていく．そのことから，200万円以上300万円未満の金額が，年金に依拠しながら暮らす者にとって，実際に何とか暮らせる最低限の金額であると判断できる．全所得額が300万円未満の者は累計すると60％となることに注目したい．所得額の中央値は230万円であるとのことである．

　『平成14年版 高齢社会白書』では，国民生活基礎調査のデータによりながら，世帯員1人当たりとして，高齢者世帯が218.7万円に対して一般世帯が219.8万円であり，一般世帯との大きな所得差はないと指摘している（p.87）．つまり，年金の給付額を減じたいとの政策的含意であろう．だが，218.9万円という数値は世帯所得の平均値を高齢者世帯に属する高齢者数で除した値であろうが，上記した中位値として記されている世帯所得230万円との食い違いが大きいといわざるをえない．230万円が中位値であるとすれば1人当たりは1世帯当たり高齢者数の1.57人で除すと146万円である．高齢者は一般に指摘されているように所得格差が大きい．したがって，平均値よりも中位値の方がより真実の姿を表現しよう．

　もう1つの資料，表6-3を上げておきたい．東京近郊のベッドタウンであるY市において各世帯の年間収入（1996年）を「保護基準」を尺度として測定し，生活水準分布を表したものである．分析に用いたのは，課税のために申告された収入であるが，課税対象となる諸控除後の所得ではなく諸控除以前の収入である．高齢単独世帯においては実に66％が保護基準以下の低い生活水準であることが示された．

3. 高齢者を含む世帯類型の今日的特徴

　高齢者を含む世帯は同居世帯が多いことがわが国の特徴であった．ここ

表6-3 Y市における生活保護基準を用いて測定した生活水準分布

(%)

保護基準倍率	市全世帯	社会保険世帯	国民健保世帯	高齢単独世帯
0（申告有り）	2.0	1.0	5.2	6.9
～0.2倍未満	1.5	0.6	4.0	9.2
0.2～0.4倍未満	2.3	1.0	6.8	24.7
0.4～0.6倍未満	1.8	0.7	5.2	10.6
0.6～0.8倍未満	2.1	0.9	6.0	7.4
0.8～1.0倍未満	2.3	1.0	6.4	7.7
小計	12.0	5.2	33.6	66.5
1.0～1.2倍未満	2.8	1.6	6.5	4.8
1.2～1.4倍未満	3.4	2.2	7.1	4.3
1.4～1.6倍未満	4.3	3.3	7.6	4.1
1.6～1.8倍未満	5.2	4.3	8.1	3.5
1.8～2.0倍未満	5.5	5.2	6.5	2.5
小計	21.2	16.6	35.8	19.2
2.0～2.2倍未満	5.5	5.6	5.3	2.8
2.2～2.4倍未満	5.5	5.8	4.4	2.3
2.4～2.6倍未満	5.4	6.1	3.4	1.6
2.6～2.8倍未満	5.2	6.1	2.7	0.8
2.8～3.0倍未満	4.9	5.6	2.3	1.1
小計	26.5	29.2	18.1	8.6
3.0～3.2倍未満	4.5	5.3	2.0	0.8
3.2～3.4倍未満	4.2	5.1	1.6	0.7
3.4～3.6倍未満	3.8	4.7	1.1	0.7
3.6～3.8倍未満	3.3	4.1	1.0	0.5
3.8～4.0倍未満	3.1	3.7	0.9	0.3
小計	18.9	22.9	6.6	3.0
4.0～4.2倍未満	2.8	3.5	0.9	0.2
4.2～4.4倍未満	2.4	2.9	0.6	0.3
4.4～4.6倍未満	2.1	2.6	0.6	0.2
4.6～4.8倍未満	1.8	2.3	0.3	0.2
4.8～5.0倍未満	1.6	2.0	0.3	0.2
小計	10.8	13.3	2.7	1.0
5.0倍以上	10.6	12.8	3.2	1.7
計	100.0	100.0	100.0	100.0

注：データは1996年の収入．課税台帳．
　　国民健保世帯とは世帯員全員が国保である世帯

表 6-4 高齢者を含む一般世帯の構成の年次推移

(%)

	高齢者世帯			既婚子と同居世帯			未婚子と同居世帯			その他	合計
	夫婦のみ	単独	小計	夫婦と両親	夫婦と片親	小計	夫婦と子供	片親と子供	小計		
1990 年	20.7	15.1	35.7	18.0	25.3	43.3	9.5	7.0	16.5	4.4	100.0
1995 年	23.8	17.2	41.0	15.2	20.7	35.9	9.0	7.6	16.6	6.5	100.0
2000 年	26.4	20.1	46.4	11.7	16.9	28.6	10.4	8.3	18.7	6.2	100.0

注:既婚子と同居,未婚子と同居の場合,子ども(孫)等のその他の者を含む
資料:国勢調査.各年

10年間の世帯構成の変化は表6-4のようである.表から「高齢者世帯」が急速に増加してきている様子がみて取れる.1990年における高齢者のみ世帯の割合は夫婦世帯と単独世帯をあわせて35.7%であったのが,2000年では46.4%と,まだ半数には到ってはいないものの,高齢者のみ世帯がかなりの部分を占めるようになっている.結婚している子供との同居世帯の割合は反比例して減少し,2000年では28.6%にすぎなくなった.同居世帯としては未婚の子供との同居もあるが,それを合わせても,子供との同居世帯は47.3%である.高齢者のみ世帯と同居世帯がほぼ同じ割合に並んだのである.今後は高齢者のみ世帯の方が増大していくことは明らかであろう.今後は,少なくとも経済的に独立した生計を営まなければならない者が半数を占めるということである.高齢者世帯のうち,夫婦世帯の増加のみならず,80年代には1割程度であった単独世帯も2割を占めるように増大している点も注目すべき点である.

日本の高齢期の特徴として,われわれが1980年代中頃の調査研究から指摘したのは「別居後同居」という一度別居しても高齢化とともに経済的および介護面の必要から再度同居世帯に還流していく傾向であった.その今日の様相はどうか.表6-5は国勢調査を用いて65歳~74歳と75歳以上に二分した家族構成のこの10年間における変化を示したものである.2つの年次を比較してわかるのは,2次点間に,第1に65~74歳の層では「夫婦」と

表6-5　高齢者を含む世帯の高齢者年齢による世帯構成の2時点比較

		高齢者世帯		既婚子と同居世帯		未婚子と同居世帯		その他	合計
		夫婦のみ	単独世帯	夫婦+既婚子	老単+既婚子	夫婦+未婚子	老単+未婚子		
1990年	65～74歳	26.1	16.7	16.6	17.5	12.6	6.7	3.8	100.0
	75歳以上	13.9	13.2	19.8	34.7	5.8	7.5	5.1	100.0
2000年	65～74歳	33.7	20.2	10.3	9.0	17.6	7.1	2.1	100.0
	75歳以上	17.9	20.1	13.4	26.2	6.6	9.7	7.5	100.0

注：「その他」とは主に直系以外の他の親族または親族でない者を含む世帯
資料：平成2年，12年国勢調査第2巻から作成

「夫婦+未婚子」の類型が増加し「夫婦+既婚子」と「老単+既婚子」が減少した．75歳以上層では「単独世帯」が増加し，「老単+既婚子」の類型が激減していることである．

つまり75歳未満では既婚子との同居世帯は減少し，75歳以上でも既婚子との同居世帯が減少したことが指摘できる．

そこで，さらに検討すべく5歳刻みでの家族構成の相違を2000年について表6-6と図6-1でみることにする．国勢調査ではデータが得られないので国民生活基礎調査を用いている．図をみると「別居後同居」の傾向はみられるものの，既婚の子供と同居しているものの割合が高くなるのは80歳以上というかなりの高齢期において，しかも急激に高くなる．夫婦世帯から，単独化した場合の既婚子との同居率は，1986年調査（習志野市調査）では年齢が5歳刻みで上昇するにつれて順次高まり，75～79歳ですでに40％を占めていた．近年の傾向としては，図6-1から2つの傾向を指摘できよう．1つは，長寿化に伴い夫婦のみ世帯の期間が長期化し，夫婦のみの世帯の割合が従来よりはかなり大きな数値を示すこと．今ひとつは，従来と同じように「老単+既婚子」の世帯へという流れが依然としてあることである．しかし，前と異なるのは上記したように80歳という高齢になってから顕著であることである．75～79歳での「老単+既婚子」の割合は20％弱であり，

表 6-6　年齢階級別世帯類型別世帯の分布

		高齢者世帯			既婚子と同居世帯			未婚子と同居世帯			その他	合計
		夫婦のみ	単独	小計	夫婦と両親	夫婦と片親	小計	夫婦と子供	片親と子供	小計		
世帯数	計	4193	3405	7598	1589	3072	4661	1687	1628	3315	650	31798
	65～69歳	1656	861	2517	430	304	734	805	343	1148	253	9051
	70～74	1318	902	2220	495	493	988	481	310	791	163	8161
	75～79	762	786	1548	365	642	1007	258	385	643	89	6485
	80～	457	856	1313	299	1633	1932	143	590	733	145	8101
％	計	25.9	21.0	46.9	9.8	18.9	28.7	10.4	10.0	20.4	4.0	100.0
	65～69歳	35.7	18.5	54.2	9.2	6.5	15.7	17.3	7.4	24.7	5.4	100.0
	70～74	31.7	21.7	53.4	11.9	11.8	23.7	11.6	7.4	19	3.9	100.0
	75～79	23.2	23.9	47.1	11.1	19.6	30.7	7.8	11.7	19.5	2.7	100.0
	80～	11.1	20.8	31.9	7.3	39.5	46.8	3.5	14.3	17.8	3.5	100.0

資料：平成14年国民生活基礎調査第34表 p258 より作成
　　　元の表は世帯類型別人数の表であるが，「夫婦」を半分にして世帯数と見なし作表したもの

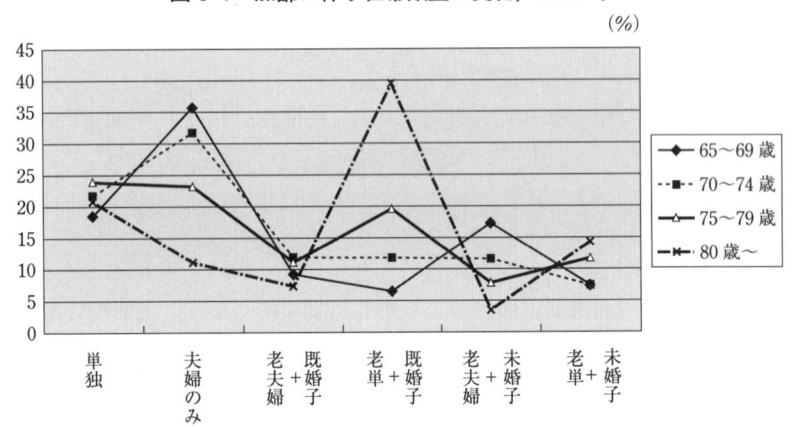

図 6-1　加齢に伴う世帯類型の変化，2000年

1986年習志野市調査の分析時（図6-2）の半数でしかない．

　加えて，現時点において単独世帯の割合が2割を占めることを再度指摘しておきたい．単独化した者の「別居後同居」の困難が，今後，本格的になって行くとしたら，夫婦世帯とともに，単独世帯をも中心に据えた生活保障体系が構築される必要があろうと思量されるからである．

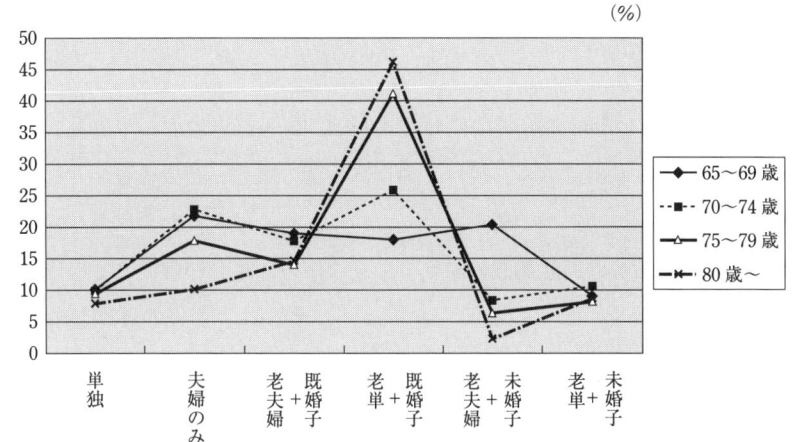

図 6-2　1986 年調査による習志野市における加齢に伴う世帯類型の変化

(%)

凡例：
- 65〜69 歳
- 70〜74 歳
- 75〜79 歳
- 80 歳〜

横軸：単独／夫婦のみ／老夫婦＋既婚子／老単＋既婚子／老夫婦＋未婚子／老単＋未婚子

おわりに

　以上，高齢者生活について，もっと多面的にとらえることが必要であるが，紙数の関係もあり，重要な 3 つの側面について述べた．就労や家族の側面が変わってきており，それを補完する諸施策の重要性が増してきている．「自立支援」というよりは，もっと徹底した，漏れる者のない，生活の社会的保障こそが求められよう．

（「日本の福祉，論点と課題」『賃金と社会保障』大月書店，2005 年）

7 高齢者実証研究に基づく「非貨幣的ニード」に関する考察

　5章の「都市における介護問題の現状」は，習志野市において実施した高齢者調査によるものである．後に『都市高齢者の実態―社会福祉学としての考察―』というタイトルの著書としてとりまとめ，学文社から出版した．その際，都市高齢者の実態調査の結果によりながら，社会福祉学として理論的に考察した部分を，ここに加えておきたい．それは，著書の「はじめに」，「序章」，「終章」において述べた部分を纏めるものである．

1. 習志野市老人調査研究の目的と意義

　習志野市において，1986年から1990年までの間に習志野市全域にわたる基礎調査と病弱老人調査，老人病院入院者調査，特別養護老人ホーム入所者調査からなる包括的調査を実施する機会を与えられた．これらの調査は，習志野市における高齢者の福祉施策に資する目的で実施を依頼されたのであるが，高齢者の調査は，私のかねてからの研究上の関心と一致するものであったし，上記のような包括的な調査を実施できたことは，大変に貴重な機会を与えられたことであった．

　ところで，高齢者実態調査は，かねてからの関心事であったと上記したが，それは，「非貨幣的ニード」とは何か，どのように考えたらよいのか，日本の現状に照らして自分なりの考えを確かなものにしたいという社会福祉理論としての関心であった．三浦文夫氏による「貨幣的ニード」と「非貨幣的ニード」という社会福祉ニードの整理の仕方は，1970年代後半以降の社会福祉理論および政策に多大な影響力をもったといえる．三浦氏が社会福祉の主要な課題とされる「非貨幣的ニード」は，「貨幣的ニード」が選別的，差別的であるのに対して，普遍的，一般的であるとされる．国民一般，換言すれば，中流化した国民の高齢期の「多様」で「高度」な非貨幣的な「福祉

ニード」への対策が社会福祉の主要課題として主張されたのである．社会福祉のニードは，そのように簡単に中流化した国民一般のニードといってよいのか．くわえて，「貨幣的ニード」は，国民所得の上昇と国民年金制度等所得保障制度の制定とその成熟にしたがって解決されるという見解にたっているが，この点の検討も必要であると考えた．筆者は，前に，「社会福祉と貧困」（江口英一編『社会福祉と貧困』所収，1981年刊，本書に後掲）というタイトルの論文の中で三浦氏の上記の理論の検討をしたことがある．筆者のその論文は，「高齢」や「障害」等という世帯内の要因が貧困とつながることを論証したものだが，高齢者生活実態の全体をとらえることを通して先の論文の検証をする事にもなる．

　高齢者調査には，習志野市調査以前にもいくつか実施したり参加したりしてきた．高齢者を対象とする調査を最初に実施したのはかなり以前であり，1968年に東京都高齢者無料職業紹介所を介した高齢者の定年後の生活について調査したのが高齢者を意識的に取り上げた最初のものである．その当時は高齢者問題への関心がやっと芽生え始めていた時である．それから，筆者の担当科目である調査実習の一環として実施した1981年の1人暮らし老人の医療と福祉に関する調査（千葉市），松崎粂太郎氏を中心に実施した有料老人ホーム調査および一連の川崎市調査，なかでも1983年の川崎市調査，江口英一教授を中心とする世田谷区調査などに参加して，高齢者に関する調査のフィールドワークと分析に関わった．また，毎年のように実施してきた低所得階層，障害者，母子世帯調査の対象者の中に必ず多くの高齢者が含まれていた．習志野市調査は，これらの調査経験に基づいて企画したものである．

　これまで上記の調査に関わり，既存の調査を調べた中で，また，老人福祉の政策動向について疑問に感じていたのは，家族の位置づけの問題である．なにより，1つに，日本の家族の老後生活における関わり方の実態が十分に

解明されないままに，政策のあり方が論じられていることに対してである．一方では，日本の家族形態を抜きにして高齢者のみ世帯が問題とされ，個人としてとらえるヨーロッパ型のシステムが主張され，他方では寝たきり老人や認知症の老人を抱える家族について，家族万能，家族責任が説かれるという状況がある．前者は高齢者人口の急激な増加の強調ともあいまって，財政負担の過大さから自己負担・有料化の考えと結び付けて論じられがちであるし，後者は，極端化すると公的な社会福祉施策は無用，もしくは劣悪な処遇の特別養護老人ホームの実態に象徴されるように「残余的」で良いとする考えにつながる．高齢者と家族の関係は実態としてどうなのかを，まずは正確にとらえる必要があると強く感じていたのである．高齢者をめぐる家族機能や家族関係については，わが国では社会学の課題として，多くの調査研究がなされていることは周知のことである．社会福祉学の課題として家族をとらえるということは，老後生活問題という観点から，経済生活の側面や家事，介護の問題を家族との関わりの中で全体として，どのように充足されているか，あるいは，いないかを明らかにすることであると考えた．

　2つは，家族との関わりを，既存の調査が調査技術の点においてとらえることができていないと考えられることである．調査対象者の選定にあたり，住民票か，あるいは高齢者台帳に基づいて抽出されるが，高齢者のみ世帯と同居世帯の定義が明確でなく，したがってその分離が正確になされず，調査結果に曖昧な点をもつこと．後者を母体とする調査の場合は，個人調査となり，世帯の視点が弱い．加えて，夫婦世帯は，夫婦が同じ回答をすることになるため，たとえば，世帯類型といった客観的な事柄でさえ二重にカウントされ，これも正確な高齢者の像を与えないことになる．夫婦が揃っている世帯は相対的に生活条件がよいので，高齢者生活の厳しさが薄められて捉えられることになる．そのため，調査対象を世帯単位で設定し，個人に特有な質問はそれらの世帯に含まれる高齢者を対象とするというように，世帯調査と個人調査の2段階調査とした．

さらに，この調査研究の意義として，習志野市が，「中流国民」の高齢期の生活実態をとらえるには最も適している地域の1つであると考えたことを指摘しておく．東京都心から30分という都心への利便性が高く，住民の多くがいわゆるホワイトカラーのサラリーマンあるいは大企業の労働者である地域の調査である点が調査の目的に適合する地域であったである．日本の中で比較的恵まれている経済的条件をもつところの，最上位の階層の者も少ないが低位層も少ない，まさに中位層が厚い地域であるという点が，日本の社会福祉に関する論点を実証的に研究する上で，適切な地域であると考えたのである．

2. 研究視角—「非貨幣的ニード」考察のための基本的側面
(1)「非貨幣的ニード」検討の理由

　習志野市高齢者に関する調査は，「非貨幣的ニード」について，高齢者生活の実証的研究によりながら，自分なりの考えを得たいということを一つの動機として実施した高齢者生活に関する調査研究である．

　筆者自身の研究の専門領域は，貧困の実証研究であるが，低所得層を対象とする生活保護行政の分野においても，「非貨幣的ニード」が主要な課題であり「貨幣的ニード」は必要ではないというのではないが今や社会福祉の主要課題ではないとする三浦文夫氏による消極的位置づけ方は，氏の意図するところではないであろうが，いわゆる生活保護行政の「適正実施」の名による生存権保障の後退に対して，かなりの影響力をもったと考えられるのである．三浦文夫氏は，「貨幣的ニード」と「非貨幣的ニード」を対比的に区別し，「非貨幣的ニード」の方に今後の社会福祉政策における主要課題を見出したのであり，社会福祉の「貨幣的ニード」を否定してはいない．しかし，社会福祉ニードを2つに明確に分離したこと，そして「貨幣的ニード」にたいしては「選別的」という性格づけをしたことは，現実には否定したのと同じ影響力をもったといえる．同時に，「ニード」の二分離は「非貨幣的ニー

ド」の経済的側面を抜き去ることを意味し，生活問題からの規定を遮断して，政策のあり方を自由に，つまり恣意的に構想することができるようにする．そのようなことから「貨幣的ニード」「非貨幣的ニード」という二分したとらえ方について，検討の必要があると考えたのである．ここでは，「非貨幣的ニード」の経済的側面の検討が課題である．

　社会福祉におけるサービス施策の拡大と充実の必要性は，経済の高度成長を背景に1970年頃から指摘されるようになったといえる．その最初のものは1971年に出された「福祉事務所のセンター構想」（全国社会福祉協議会，社会福祉事業法改正研究作業委員会，以下「センター化構想」という）であったといえよう．「センター化構想」は保護率の低下と生活保護世帯の非稼働世帯化を指摘しながら，その理由を保護世帯の中に失業や低賃金といった経済的理由によるものが減少したことによるとし，そのことから「経済的貧困」ではない貧困へ，貧困の性格が変質したとした．ほぼ同時に出された昭和45年度の『厚生白書』も貧困の変質を強調している．貧困対策である筈の生活保護制度においてさえも金銭給付の意義を軽視し，老人，障害者，母子を社会福祉の対象範疇として，老人，障害者，母子に対するサービス給付の重要性を説く提言がなされたのである．センター化構想については，ここではこれ以上言及しない．「経済的貧困」の否定とサービス施策強化の必要が一対として提言されたことがここで指摘しておきたいことである．サービス施策の充実の必要を提言したことに対しては異論はないが，「経済的貧困」をほとんど否定したことで，その後，金銭給付の面にかかわる保護行政は後退していき，今日においてさえも他の社会保障の先進国に比して，わが国はきわめてスティグマが強く，多くのホームレスをうみだしていることにみられるように機能不全の状況に陥っている．筆者は「センター化構想」がとらえた「経済的貧困」の理解に問題があったと考えるのであるが，そのことの指摘と検討はこれまでに行ったことがある．[1]

　「センター化構想」は，皆年金化と国民年金の成熟予想を背景に，一方で

生活保護による金銭給付政策の意義を消極的にとらえ，他方でサービス給付施策の重要性を指摘したものである．

　同じとらえ方が委員の1人であった三浦文夫氏に引き継がれている．その後，三浦文夫氏はサービス給付の必要性についての理論的体系化に取り組んできたといえる．「貨幣的ニード」および「非貨幣的ニード」の概念を「社会福祉経営」上の操作概念としながら，「貨幣的ニード」から「非貨幣的ニード」へ課題が移りつつあるとする「非貨幣的ニード」を中心に据えた三浦文夫氏の福祉理論は，今日では説明する必要がないくらいよく知られており，強い影響力をもってきたといえよう．そのことが論じられている氏の初期の論文である『現代の福祉政策』所収の「社会福祉の転換と供給問題—特にコミュニテイ・ケアとの係わりについて」は，1975年に書かれたものである．[2)] 第1次オイルショックと第2次オイルショックの影響による失業者の増加傾向の最中にあって，いわれるところの「貨幣的ニード」を代表する生活保護は保護率を低下させていき，社会福祉政策の中で後退していったのである．

　筆者は，「社会福祉と貧困」というタイトルの論文の中で，三浦文夫氏の上記の理論の検討を試みた．筆者のその論文は，「高齢」や「障害」等という要因を貧困化とつながる世帯内の要因ととらえ，家族崩壊に至るその構造をシェーマ化して表したものである．表面的には社会福祉ニードとして表出している高齢者や障害者の社会福祉問題は，高齢や障害という要介護の身体状況そのものではなく，近代社会における労働者世帯の家族機能の限界性と社会保険等の一般的施策の階層性との関連において，労働者世帯から，なかでも低所得の労働者世帯から障害者や高齢者が社会的援護を必要とする者として，社会的ニードをもつ者として世帯の外に排出されていること，その排出されてくる過程が貧困化の過程であることを論じたものである．そこで，社会福祉の対象として，障害者や高齢者や母子世帯が，母子世帯を除けば多くの場合は単身世帯の形態で対象となることを述べた．そのシェーマはそれ

までに実施してきた低所得世帯の生活実態調査，および生活保護受給者調査に基づいて描き出したシェーマである．それにより「貨幣的ニード」の持ち主は同時に「非貨幣的ニード」の持ち主であることを解明している．

　習志野市高齢者調査は，「非貨幣的ニード」についての同じ問題意識の下に実施したものであり，低所得者調査から描き出したシェーマが，高齢者を含む全世帯調査を通してどのように検証できるか，また，「非貨幣的ニード」をどのようなものとしてとらえるべきかが，習志野市高齢者調査による研究を通しての課題である．

(2)「貨幣的ニード」から「非貨幣的ニード」への検討

　研究の動機となった三浦文夫氏の理論について，社会福祉ニードに関連する部分に限定して以下に述べる．

　まず，上述の三浦氏の上記の論文を忠実に要約することにしたい．社会福祉の対象をどのように規定するかと問いかけ，「いろいろ論議がありうるが，ここでは単純に自らの力では『生活』することができなかったり，あるいは『生活』の向上を期することのできない人びとというぐらいに理解しておきたい」として「自力で生活できなかったり，生活の向上を期し得ない状態を依存性と呼」んでいる．そしてこの依存性が2つの側面との係わりの上で，「社会福祉ニードに転化されるものと考える」としている．

　1つの側面は「即自的あるいは客体的に把えられる依存性」である．これを「①属人的条件に規定される場合と②社会・経済的に規定される場合との2つに区別することが操作的に可能であ」り，属人的条件とは，高齢，傷病，障害といった身体的精神的面での障害によるものと説明している．そして依存性の「第2の側面は③対自的ないし主体的係わりで析出されるもの」であり，即自的客体的にとらえられる依存性の解決をはかる「家族，親族，各種の地縁集団，その他の社会集団のもつ援助，扶養システムないし機能喪失，動揺によってその解決が社会的に求められる依存性」と説明されている

（文中の①②③は筆者による）．社会福祉ニードは，したがって，「即自的依存性が既存の家族やその他の社会集団のもつ援助ないし扶養機能によって解決ないし支援されないところに生ずるものと考えることができる」としている．

さらに，このようなニードが社会福祉需要に転化するためには社会福祉を「恥辱」としてではなく「権利として把える風潮の増大」がなければならないとして制度の普遍化の必要を述べている．

以上のように「依存性」の社会福祉ニードへの転化ととらえたうえで，まず①について検討している．①に関連して「市場機構になじまない人びとにとって，この経済成長による所得増大には直接関係しないことになる．高齢者，障害者，傷病者，母子世帯等の貧困問題が依然として残されて」いると．つまり，①の問題において③との係わりで問題が顕在化していること，そのことから今日の社会福祉の転換を規定する社会福祉ニードの質的変化として指摘できるとしている．

それに対して②については，所得水準の上昇，消費水準の向上にともない，「社会福祉の分野で注目しておきたいことは，経済的ニード（貨幣的ニード）から非経済的ニード（非貨幣的ニード）への移行が最近みられること」と簡単にのべ，「ここで強調しておきたいことは，この貧困問題（特に経済的な貧困）が社会福祉の直接的課題とは次第になくなりつつあることだけである」とまで述べられている．上記文中の（　）も傍点も三浦氏によるものである．以上のように述べたうえで，「生活における経済的な側面ではなく，むしろより多様な非経済的な生活障害，不安が問題となっている」と結論づけられているのである．[3]

上の三浦氏の文章において「経済的」と「貨幣的」が同義語として用いられているのであるが，「経済的」と「貨幣的」は同じ概念ではない．三浦氏は「貨幣的」という用語を，後で詳述するが，給付における「非貨幣的」という性質別分類として用いているにすぎない．しかし，「経済的」という用

語は，それに規定されるところの社会的諸現象を指すのであり，「貨幣的」側面であることもあれば，「非貨幣的」側面であることもあるのである．したがって筆者が考察しようとするのは「非貨幣的ニード」の経済的側面であり，収入や住宅の所有状況や家族形態による影響についてである．

　以上の説明において，属人的条件に規定される依存性が対自的主体的係わりで析出されるのが社会福祉ニードであるとする前半の説明と，後半の具体的に説明されている際の内容であるところの高齢者，障害者，傷病者，母子世帯を貧困であるとしている説明とは矛盾すると思うのであるが，それはともかく全体の論調の流れとして，「多様な非経済的な生活障害，不安」を社会福祉のニードとして前面に押し出し，多様で，高度なニード（この論文ではマキシマムを求めると述べている．10年後に書かれた三浦文夫氏の著書『社会福祉政策研究―社会福祉経営論ノート』全国社会福祉協議会，1985年，ではミニマムに変えられている）である新しい社会福祉ニードの特性に対応するところの政策の拡大の主張へとつなげられているのである．論理の矛盾というより，事実認識の誤りといえると思われるが，ともあれ，三浦氏により，「非貨幣的ニード」と表現されたことで，社会福祉におけるサービス・ニーズへの対応の必要について，広い関心を喚起したと評価できる．しかし，貧困の問題である「貨幣的ニード」は見事に後方へ押しやられたのである．

　このことについて古川孝順氏に筆者と同じような指摘がみられる．「『貨幣的ニードから非貨幣的ニードへ』へという命題の設定を通じて貨幣に対するニーズの縮減，すなわち貧困問題の縮小を主張するかのような誤解を招いている．さらに重要なことは，一般に，福祉ニーズ論は福祉ニーズの形成過程を社会的ないし社会構造的な要素との関連において分析するという視点を欠落させることが多い」とし「この福祉ニーズ論における社会性の欠乏が，福祉ニーズが政策対象化されて行く過程において判定者となる政府や行政の役割や機能に関する理解を一面的で深みのないものにしている」というように

行政の役割を変化させ,退行させることを指摘している.[4]

　以上のような三浦氏の社会福祉ニードに関する理論を検討するには,三浦氏のいう「属人的条件に規定される依存性」について,高齢社会との関連で最も重要視されている老人福祉の分野において検討することとし,老齢化による障害,傷病による要介護状態と,「対自的主体的係わり」とされているところの介護等を担う家族との関係について検討しなければならないだろう.本論文では高齢化と家族,そして経済的側面がいかに関わり合っているかについて分析する必要があると考えるものである.

(3) 家族の内的要因の構造と貧困化の道筋

　『社会福祉と貧困』所収の筆者の論文において分析の課題としたのは老人世帯,障害世帯,傷病世帯,母子世帯と貧困との係わりである.それは労働者家族における老い,障害,傷病,死別離別といった要因の影響を考察することを通して貧困との関係を明らかにすることを目的としたものである.つまり,貧困とは,いうまでもなく「経済的貧困」であること,これらの世帯と「経済的貧困」は切り離せないということの論証を目的としたものであり,保護世帯にみられる「非稼働世帯」の増加から「貧困の変質」とはいえないとする考えを述べたのである.筆者は,これらの世帯に社会福祉サービスも必要であるとはいえても,貧困でないとか,貧困が変質したとかはいえないと考えている.社会福祉以前の社会事業の段階,あるいはそれ以前の慈善事業の段階から,対象としてきたのは常に世帯内あるいは親族内に扶養しかつ面倒をみる者がいない老人や子供や障害者であったのであり,かれらこそが社会福祉が対象とする貧困者という範疇を構成する者であったのである.老人や傷病,障害のある単身者は,貧困層というより極貧層を構成する人たちである.[5]

とはいえ, 老人や傷病者や障害者等を含む世帯や母子世帯のすべてが貧困なのではないことはもちろんである. 河合幸尾氏は, 「たとえば母子の生活実態ひとつとってみても, 一般的にいって, 低所得＝低生活水準と母子というハンディキャップは結びついているのであり, このことは高齢者の生活実態をみても同様である. またハンディキャップ層の社会福祉に対する要求は, 主に良質のサービスを無料でまたは低額でということである.」とし, 「これらの層にあっては『非貨幣的ニード』も現実的には『貨幣的ニード』という形でニード化されるのである」. したがって, 「『貨幣的ニード』『非貨幣的ニード』という区別は意味のないものといえる」と述べている. 「非貨幣的ニード」をもつ者は「貨幣的ニード」を併せもつのであり, それは「無料」「低額」という「貨幣的ニード」であらわされるという指摘である.[6]

上記に続いて述べられている「ハンディキャップ層が一般的に低所得層で大部分占められている」という河合氏の指摘については, 高齢者の場合は, 所得階層にやや幅があり, 一概に低所得層といってしまうわけにはいかないと筆者は考えている. また, 三浦氏がいわんとしていることは, 「貨幣的ニード」のない者でも「非貨幣的ニード」はあり, それへの施策が必要ということである.

話を筆者の論文「社会福祉と貧困」に戻したい. 賃金制度の下における労働者世帯は, すべてが商品化していく近代社会の中にあって, 家族構成員による小さな共同体を残している. 貧困は, 賃金制度に直接規定される低賃金や失業といった外的要因に起因するだけでなく, 小さな共同体である家族内の要因の作用によっても経済生活は危機に陥る. 高齢や障害や傷病や夫の死亡や離別やといった家族内で生起する要因を家族の生活に作用する「内的要因」ととらえ, その作用を本書197頁の図11-1のようなシェーマとして描き出した. そして, 世帯内的要因の「特殊的要因」への転化・収斂のダイナミズムと筋道を「貧困化」の過程としてとらえ表したのである.

世帯内の要因と貧困とを関わらせてとらえたのは，貧困の端緒的古典的研究といえるシーボーム・ラウントリーであるといえよう．ラウントリーがとらえたのは，世帯の家族構成員の年齢および人数の変動と生活水準の関係であり，それをライフサイクルとして描き出したのである．筆者は世帯内要因として，傷病や障害，夫との離死別等まで含めて，それらの要素がどのように生活水準に影響を与えるのか，さらに，社会福祉との関係を探るために，どの世帯でも起こりうる「一般的要因」と少数の世帯において生じる「例外的，特殊的要因」にわけ，そしてさらに「一般的要因」が「特殊的要因」へ「転化」するとする考えを示した．平均律で動く近代社会では，たとえば，老齢といった誰にとっても起こりうる一般的要因も，特殊的要因へ転化し，さらにそのために家族崩壊して家族の外に出て，初めて社会福祉の政策対象となっているのが日本の現実であることを論述している．大河内一男の「経済外的存在」という社会事業の対象規定は今日の社会福祉においても基本的に変わらないととらえられるのである．

　習志野市調査では，問題が外化する以前と，外化し社会化したものとの状況を実態調査としてとらえている．つまり在宅者を調査した基礎調査や病弱者調査と，老人病院や特別養護老人ホーム調査である．その2つの状況の対比からも日本の高齢者の生活条件の特徴をとらえたいと考えている．11章に後掲する図11-1は，生活保護世帯に関する諸調査，高齢者に関する諸調査，そして担当科目である「社会福祉原論」の毎年の講義をとおして考察を積み上げてきた結果である．

(4) 家族機能の経済的側面

　貧困と労働者家族との関係に関しては，筆者の最初の研究といえる S.ラウントリーの貧困研究,[7] 特に第2回調査である『貧困と進歩』についての考察や[8]，P・タウンゼントの『高齢者の親族網に関する研究』など[9]，そして多分最も古い包括的な高齢者調査といえる神奈川県の『昭和38年高

齢者生活実態調査報告書』[10]から，家族に注目する着想を得たといえる．「家族」は，消費生活の単位である世帯を構成するものであるので，生活研究に際して筆者も一貫して保持してきた関心の側面である．これまでに研究，分析してきた世帯を構成する家族形態と生活水準との関係だけでなく，家族機能や多様な経済的側面との係わりをも含めとらえる必要があると考える．

　経済学の方法に基づく生活研究では，家族を消費の単位の「世帯」としてとらえ，その生活水準や生活構造の研究がなされてきている．だが，世帯の中での育児や老人，病人の世話といった家族機能に関しては十分留意してきたとはいい切れない．そこでは生活が営まれているのであり，日々の必要を満たす財貨やサービスの購入の必要と世代的再生産のためのそれとがある．それらの消費を通して労働力が再生産されていく．経済学による分析では，賃金による財貨，サービスの購入と消費の関係，つまり賃金の額と消費の水準が直接的に結びつけられて考えられてきたといえる．生活水準が低いということは賃金が低いということというようにである．基本的にはそうなのであるが，賃金を得ることと消費の間には生活の営みがあり，家事労働がある．近代社会になってからも，時代をさかのぼれば上るほど，世帯内で，カギ括弧付きで表現する必要があろうが，「生産」が行われてきたのである．材料や原料を購入して，食べたり，着たりできるように家庭内で加工してきたものである．消費できるようにする生産的営みは家庭生活の中で大きな比重を占めていたといえる．購入即消費では必ずしもない．

　さらに，家事労働は，生産的労働だけではなく，清掃や洗濯，育児，病人老人の世話といったサービス的性格をもつ労働も担ってきたのである．商品化の進展とともに家事労働の生産的労働部分から急速に外化，社会化が進んだといえよう．資本主義化と同時に登場した繊維産業の登場により，労働者家計からは布，糸，衣服を商品として購入する費用を支出するようになった．サービス的性格の労働は近年のことであるが，洗濯や清掃といった部分は洗濯機，掃除機という購入できる価格の電化製品の購入により家事労働の

軽減が進んでいる．これらは家事労働に代わる電化製品という商品の購入形態による家事労働の外部化，社会化である．

これらに比して商品に換わりにくいのが育児，老人病人の世話の部分である．外化・社会化するにはサービス労働そのものを商品として購入するか，公共サービスの提供を受けるかである．これらのサービスの購入費を労働者家計が負担できないということが，公共サービスとしての提供を求める理由であろう．労働者家計（老後を含む）が負担できるようであれば，つまり，江口英一氏が三浦文夫氏を批判されているように，いわゆる福祉サービス業も平均利潤を得られれば，社会的分業が進んでいく筈である．近年では介護保険の登場により，市場化，民間化が促進しているが，それは，介護保険制度からの補助により業者サイドが平均利潤を得ることが可能となってきたからである．[11]

つまり，育児や介護は，本来的には労働者家計の負担を超える問題，つまり支払い能力を超える問題としてとらえる必要がある．そして，福祉サービス業が分業化しえない経済的条件の下で，その問題が小さな共同体である家族の中で，家族機能としていかに対処されているかという視点でもって問題をとらえることが必要であろうと考える．

(5) 高齢期生活の多面性

高齢者の生活状況は，社会階層や勤労収入の大きさと関連させてとらえることができる現役労働者の生活問題と異なり，生活の諸側面から複合的にとらえなければならないと考える．ということは生活の諸側面が総合的に関係づけられ明らかにされなければならないということである．そのような視点で研究された先行研究として，松崎粂太郎の著書『老人福祉論―老後問題と生活実態の実証研究―』をあげることができる．[12]

日本の老後生活の問題としては，主として，1人暮らし等老人のみ世帯の問題であるとか，寝たきり老人や認知症老人を介護する家族の問題とか，と

いうようなトピックスについての問題提起がなされてきたといえる．調査としてはそれらの特定の問題の状況を明らかにするとか，施策への要望をとらえるアンケート調査がなされてきたといえる．

松崎氏はいわれるところの「高齢社会」とは単に高齢者数の増加を意味するのではなく，もっと広範囲な国民生活全体に関わる問題という重要性をもつ問題としてとらえる必要があるにもかかわらず，「具体的に，また直接的に目にみえず」，イメージ的にしか考えられていない．しかもその推移は急速とはいえ，表面に現れにくい．だから，今日すでに老後生活を送っている人の「生活問題」としてとらえ，的確に明らかにすることが求められているとしている．その上で，安定性，自立性，孤独でないことという老人福祉の原理が保全されているかを検討することが生活問題研究の課題であると述べている．政策や施策を論じる前に，まず生活問題を的確にとらえるべきとする松崎氏の考えに筆者も共感するものである．三浦氏の理論の検討のためにも老後生活の実証研究がまず重要と考える所以である．[13]

日本の，高齢者問題に関しては何より生活実態を実証的に明らかにすべきであるとする発想や，生活実態は多側面を総合してとらえる必要があるとする考えは松崎氏と筆者とはもともと共有していた点である．本研究において重要な分析上の指標である世帯類型の分類は，川崎調査で用いた松崎氏による世帯類型の分類を踏襲していることを記しておきたい．

(6) 多面性の具体的指標

以上をふまえて，高齢者生活をとらえる研究の具体的視角を付記しておくことにする．筆者は，松崎氏ほどには分析方法を定型化してはいない．

筆者の調査の課題は，東京都心に近い住宅街である習志野市における高齢者の生活実態を明らかにし，生活条件がどのようであるかを具体的にとらえることであった．それゆえに，とった方法は，ニードに関する意識調査ではなく，つまり意識化された要望や意識化された生活障害についてのアンケー

ト調査ではなく，生活の状況を客観的に明らかにすることを通して，必要な生活条件をとらえることを意図したのである．

　高齢者の生活実態の把握を通して「必要な生活条件」をとらえるとは，高齢者の生活の諸類型ないし，諸差異を明らかにすることであると考える．高齢期というのは，一般的には，経済的に，身体的に自律性を減退，喪失していく過程であるが，高齢者の過去の社会経済的地位，年金，資産，家族を中心とした人間関係，健康，身体状況によって，生活の状況は一様ではないであろう．とするならば，高齢者のための施策も各々にとって異なった意味をもってくるに違いない．したがって，何よりも，高齢者生活の諸類型やその差異の内容を明らかにしなければならないことになるだろう．

　まず，第1に，生活の差異は，やはり経済基盤の差異に左右されるであろう．そして経済的基盤は，個々人が老齢退職するまでに従事してきた職業に，第1義的に，規定されると考えられる．どのような労働生活を経過してきたのか，その間での資産（持家その他）形成の度合いや，どのような種類の公的年金の受給をするようになったのかである．それによって，家族の構成や家族関係までも規定される傾向がある．老後生活にとっては，年金と，自分名義の住宅が持家かどうかが重要であると考えている．

　しかし，社会階層による生活水準や内容の差異は，基本的にそうだということであって，現在の大都市生活者においては土地を中心とした資産の保有による影響も無視できない．ベッドタウン化の進行とともに，農地としては不十分な面積であったものでも，宅地需要の顕著な増大につれて，それが大きな資産と化してきている．また，もともと宅地として取得された場合でも，戦後の早い時期に，広い面積を取得した者は，今ではそれなりに資産保有者となっていよう．そしてそれらの土地資産は，そのまま保有されてきたのではなくて，必要に応じてアパート経営や商店経営等の資金とされたり，子弟の教育費とされている．その結果，生活水準および社会階層のいちじるしい上昇となる者がある（もちろん，下降ケースもあるが）．

さらに，経済基盤が十分であるかどうかは，生活費としてどの位の金額が必要なのかによる．ところが高齢者の場合，小さい枠組の生活様式から現代的なお金のかかりの大きい生活様式へ移行する過渡期にある．目下は個々人により，まちまちの状況といえるだろう．生活枠組みの相違というのは，同じ金額の収入でも，十分な生活ができる場合とできない場合があるということであり，金額のもつ意味が異なるということである．概していえば，まだ，つつましい生活の仕方の者の方が多いであろうと予想される．この点に関しては，しかしながら家計調査ではないので，今回の調査の課題ではない．とはいえ，やはり貨幣額の一定額を尺度として，それより生活水準が上であるとか下であるとか，十分な収入があるとかないとかをとらえざるをえないが，上記の理由から適切でない部分を含みながらも，仮にとらえるということで進めている[14]．

また，上記の必要生活費の大きさに関連して，同居世帯における高齢世代と子供世代の家計の分化の問題がある．分化し，自立度が高まるほど，必要な生活費は高額になることになる．

第2点としては，家族ないし世帯の問題である．わが国の高齢者の生活は，概していえば子供世帯との関係を抜いては，いまだ考えられない．しかし，その子供世帯との関係が，社会的規範として動揺期にあり，また，客観的な条件としてみても，親の経済力の上昇に対して，子供世帯の方での経済的介護的扶養能力の減退があり，加えて，労働力の流動性の高まりにつれての子供世帯の地理的距離の遠隔化や居住地の不定性の問題がある．子供世帯との同居・別居の相互移動関係は，そうした背景の中で，少なからず流動的であり，暫定的であるようである．その状況を把握することは，したがってむずかしいことだが，高齢者の生活の重要な側面として，とらえられなければならない．そしてその意味を探っていかなければならない．習志野市は地理的な面から同居にとって有利である．

世帯の問題について，従来の老人福祉行政では，同居・別居という二分法

で単純化し，別居世帯の方にもっぱら対処すべき対象を見出してきたきらいがあるが，別居といっても，暫定的別居と永久的別居がある．また，同居も，経済的，人間関係的に余裕のある同居から，家族崩壊にむすびつきかねない無理をかかえた同居まである．われわれの調査では，同居世帯の中にある高齢者の方に，むしろスポットをあてなければならないと考えている[15]．

　第3に，年齢世代による差異である．年齢世代による差異は，1つには，身体的機能の差異である．前期高齢期・後期高齢期という分類がなされるが，この分類の発想は主として身体的なものであり，たとえば，74歳以下と75歳以上にわけて，ケアサービスの主たる対象を後者に見出していくのだが，われわれも，74歳以下と75歳以上にまずは大きく二分している．しかし，われわれの場合には，年齢による分類は，身体状況の大まかな指標であると考えるからだけでなく，時代の反映の仕方の違いとしてもとらえている．戦争や，経済の高度成長，公的年金の成熟等の社会的過程が反映されているのである．経済の高度成長の影響は，子供世帯まで含めて考える必要がある．75歳以上は，戦争により生活基盤の根底からの変化や，経済の高度成長の影響もあわせて，どちらかというとマイナスの方への影響をうけた者が多いのに対して，74歳未満層の方は，戦後の経済繁栄の方の影響をより多くうけ，また，年金額も75歳以上層と比べるならばかなり改善されていよう．

　つまり，高齢者はいわば二重に時代の影響をうけているわけである．1つは，高齢期以前に経験する時代であり，その過程の中で高齢期のためにどのような生活基盤を蓄積できたかであり，もう1つは，高齢期に達した時にどのような年金をはじめとする諸社会福祉サービスを享受できるのかである．時代的な変動の激しいわが国では，ライフサイクルのステージにおいてとらえるだけでなく，時代との関係という複合的な時間の視点を必要としよう．長期的な政策展望のためには，二重の時代の視点が必要とされると思われる．[16] 調査対象者を，通常のように65歳以上ではなく60歳としたのは，60

歳の定年退職に1つの大きな高齢期への区切りがあると考えるからである.[17]

　以上,種々の生活類型,差異が生じてくると考えられる要因について述べた.以上のような視角によりながら分析した結果は,調査対象である高齢者の生活が,上述してきたことからわかるように,今現在での流動性がきわめて高いので,その定形性をとどめにくい対象物をいかに類型化するか,それは,かなり難しい作業である.むしろ,性急な類型化は避ける方が良いと思うのである.できるだけ多面的にとらえ説明すること,そして考察することを,研究の基本的態度とすべきであろう.[18]

3. 都市高齢者生活の特徴と「介護ニード」についての考察

　1986年から1990年にかけて4つの調査として実施した高齢者の生活実態に関する調査結果から得られた研究動機に関係して得られた示唆を述べたい.

　都市高齢者の生活実態に関する実証的研究に際して,特定の切り口に限定しないで,できるだけ柔軟に全体的にとらえたいと考えた.この研究においては,分析結果の「事実」に着目し,「事実」が指し示す方向に沿って高齢者の生活実態とその生活条件についてとらえたものである.筆者が志向する社会調査はSocial Surveyである.江口英一氏によると社会調査Social Surveyとは「貧困な人々の状態について様々な印象を客観的な証拠に置き換える手続き」であり「原因と状態の間の諸関係の分析であり」「改善の方法をみつけて行くこと」というようにイギリスの社会学者カラドック・ジョーンズによりながら,著書『現代の「低所得層」』の序文で述べられている.筆者は社会調査を繰り返し実施する過程を通して,「事実」とは諸関係であり,したがって「事実」には指し示す方向があり,それに沿ってとらえることが「客観的な証拠に置換える手続き」,つまり,方法であると考えるに至っている.

生活の単位としての世帯，その構成員である家族に高齢者問題の場合，特に注目する必要があるということは，あらかじめ考えていたことである．しかし，これほどまでに家族という要素が現在の高齢者の介護を含めた生活にとって重要性をもつとは予想していなかったことである．高齢者の生活は，強く家族に依存しており，現状としては家族を除外した「自立した」高齢者の生活は一般的にはありえないといえる．しかし，親族を含めた家族の大きさ，家族の内部的・外部的関係は確実に変化してきている．その中で，なお家族を頼りとし，ほとんどの場合，家族の中で，誰や彼やに，そして特に高齢者本人に無理や我慢を強いながら，したがって，内部の葛藤は相当なものと想像されるが，ともかくも折り合いをつけている．だから，一見するだけではわかりにくいし，特段の問題はないようにもみえるのである．

　簡単に要点を述べるならば，第1に，経済面における子供世帯との未分化状態，つまり扶養の必要と子供家計への統合についてとらえ，さらに，生活条件の格差に関する実態を示した．高齢者の基本的といえる生活条件は，年金，同居，持家であり，個々の高齢者の生活のあり方はそれら如何に個別に規定されている．生活条件として最も多いのは老人世代の収入の少なさを同居でカバーしている形であった．そのため上記した未分化状態になる．その形のものが最も多いことが政策のあり方を考える上で基本となる重要な点であると考える．このことが調査結果として最も強調したい点である．

　とくに，同居に着目し，その諸側面について明らかにした．世帯類型では「高齢単身＋既婚子」が突出して多く，加齢もしくはADLの低下につれてその世帯類型のものが増加する．清水浩昭がいう「晩年型同居」と同じ内容であるが，習志野市ではより高年齢層のものほど時代的にいって同居を継続する事ができたということと，高年齢となって地方から転入してくるものが加わることの結果である．一般に，高齢者率が高い過疎地では単身者の割合は高いといわれている．同居したくとも受け皿となる子供世帯が同地域にいない．それに対して習志野市では，同居の条件があることで自立できるだけ

の経済条件に欠ける者でも，在宅生活をともあれ維持していくことができる．既婚子との同居だけでなく，その他いろいろな世帯類型の中にも高齢者は含まれていることを指摘し，十分な条件でなくとも同居せざるをえないことの意味について考察した．

また，「高齢者のみ」の中の「高齢単身のみ」は各年齢階級において常に1割であり，より高い高年齢層になり配偶者が死亡しても増加しないことを指摘した．同居へ移行するからである．同居でなければ，介護だけではなく総体としての生活が成り立たないのである．とすれば，同居へ移行するしかないことを指摘した．このことが日本の都市高齢者の特徴といえる点である．そのように，十分な生活条件といえなくとも，同居という形で高齢者の生活問題がカバーされ，その結果として覆い隠されていることがこの調査からわかったことである．

とはいえ，もう1つの面として，後期高齢期になっても単身世帯であるものが1986年調査においてとらえられたように1割は残り続けることを，同居できない者，つまり同居条件のない者としてとらえる必要があることを指摘したい．いわば，「窮迫的」自立である．そのような事情のものは身体状況が不自由になれば特別養護老人ホームへ入所するしかないだろう．

さらに，要介護者の問題についてであるが，在宅の寝たきり老人も，特養老人ホームの入所者も，老人病院，老人保健施設の入院者も，皆同じような様子をしており，違いはないといわれることをしばしば耳にする．実際に，老人本人の外見は違いなくみえるかもしれない．だが，最低のレベルの状態として変わりなくみえるのは，認知症とADL段階の身体的共通性のためではなく，在宅でも，老人病院でも，特養ホームでも介護に関しては多くの場合消極的であり，放任主義であることの結果であると私にはみえる．介護が同じように不十分であるから，同じようにとらえどころのない頼りなげな顔つきの老人たちとなる．要介護老人とは，皆そのような者だと考えるか，ど

こでも同じように不十分な介護しか行われないのでそうなると理解するかで政策課題のとらえ方は違ってこよう.

　この調査研究を通してわかったことは, 一般に最も好ましいとされるところの家族に依存する「在宅」生活が, ともすると要介護者を作り出すメカニズムとなりがちであることと, 不十分な生活条件に規定されるところの不十分な介護の実態である. 在宅介護が不十分な生活条件の下で行われていることに注目する必要を強調したい. だから, 家族にとっては, 負担と強いられている犠牲は, 小さくないのである. 以上が, 調査から明らかにした在宅介護に関する実態である.

　では, 在宅から外に出た老人はどうか. 特養老人ホームの入所者をみれば, 入所前の家族構成そのものは子供との同居世帯が6割もあった. しかし, 同居世帯員に身体的, 精神的, 経済的に問題をもつ者が多く, いわゆる多問題家族が多くみられた. つまり, それらの理由のために未分化状態を維持できない世帯といい換えることができる. 在宅の老人の平均的生活条件と種々の点で隔たっており, その差はかなり大きいといえる. 「絶対的貧困」という言葉があるが, それにならって「絶対的窮状」とも表現できる状態である. そのようなケースにおいて, もとの世帯から離れて, 特別養護老人ホームへの入所措置となっている. それは筆者がシェーマとして示した「家族崩壊」であり, 単身化してはじめて入所となる. このように, 未分化状態との関連を指摘しておく.

　何度も繰り返し指摘したように在宅の平均的状態も決して満足できる状態とはいえないのだが, それでも両者の生活条件の間の格差は大きいのである.
　「普通」あるいは「平均的」である生活状態と特養老人ホーム入所者の状況までの間に生活状態の格差があり, その間に階層性があることが指摘でき

ることである．いわれるように，顔つきやオムツをしての寝たきりの状態は外見的にはおおむね同じかもしれないとしても，生活条件の格差を含め，それらの生活諸条件に規定される生活の総体をとらえたならば，よりよい生活条件の下にある者とより劣悪な状態に置かれた者とがあり，高齢者の生活状態の格差と階層性の存在を指摘できる．そして，老人病院も，その生活階層のどこかに位置づくであろうと考えられるが，特別養護老人ホームよりは上ではあるだろうが，おそらくは全体の中では下位の方に位置づくであろうと推測できる．われわれの調査では十分なデーターが得られず，老人病院入院者の社会的背景を具体的に明らかにできなかった．

ともあれ，全体として，経済的な生活条件の違い，つまり階層性があること，そして，生活の総体としての階層性の存在も介護問題まで含めて，とらえることができたといえる．

繰り返しになるが，そのように生活総体において階層性があるとしたら，ミニマムの確保を念頭に置いた施策が第1に必要となろう．1990年現在の老人病院や特別養護老人ホームは，さらに，おそらく，そこに至る以前の状況まで含めてミニマムが確保されているとはいえまい．老人病院入院者についていえることは，家族の条件がより不十分な者の場合に，在宅で介護できなくなる限界点が早めにやってきているということである．

ところで，以上の状況は，日本の中で相対的にかなり恵まれているといえる一自治体における高齢者の実態である．依存できる家族があり，持家があり，同居できることは，恵まれているといえる条件であり，多分，それらは他人に誇示できることなのである．高齢者生活の分化，自立化の芽は芽生えてきている．経済面での自立化が夫婦健在である類型において進んできているように，条件があれば自立化は進むであろう．また，今後，意識の面では自立化は急速に進むかもしれない．しかし，それに伴う諸条件が確保されず，家族に依存しなければならないとすると，家族内の関係の軋轢は，さら

に大きくなることだろう．すくなくとも，1986年時点において，総じて，経済生活と介護の両面において未分化の状態にあるというのが調査分析からの結論である．本当に分化・自立化するためには，住宅と医療保障を前提とした，家族に依存しなくとも良いだけの十分な年金と家事援助サービス，それから介護サービスの制度の確立が条件としてなければならない．家事援助がなければ老後生活は維持できない．そうでなければ，家族への依存は変わらないか，介護保険が実施された後の特徴的現象としてみられるように，入所費用を負担できる程度の経済的条件があれば，家族による特別養護老人ホーム入所への強い志向となるだろう．現実は，本来は老人本人のニードである筈の福祉ニードが，家族のニードとして現れるからである．

　以上をふまえて，三浦文夫氏が貨幣的ニードと非貨幣的ニードに分離したことについて言及したい．上記してきたように現実の生活の未分化状態を指摘してきたが，それから，直ちに貨幣的，非貨幣的ニードの二分化を批判するわけにはいかないだろう．なぜなら三浦氏も実態としての未分化状態は承知しながら，社会福祉経営論の次元における提言として，つまり，『社会福祉政策研究』(1985年)によれば「ニードの充足形態・方法との関連による分類」ということで示しているのであり，それにより分化，独立させた「非貨幣的ニード」の重要性を述べていると思われるからである．[19]
　三浦氏は，社会保障にたいする社会福祉の関係について『社会福祉政策研究―社会福祉経営論ノート』(1985年)において次の3つの関係をあげている．第1は代替として，第2はリハビリや雇用政策など，追加として，第3は補足としてで，十分な金銭給付があっても，現物ないし非貨幣的サービスは必要であり，それは選別的でなく一般的なものとされている．[20] 故に，第3の補足としての社会福祉の構築を主張されているのである．つまり，貨幣的ニードへの「補足」として非貨幣的ニード＝サービスが性質別分類として位置づけられているのであり，通常用いられる意味での社会保険に対する

「補足」としての公的扶助,つまり Supplementary Benefit といった1966年のイギリスの社会保障省法のような補足の内容とは異なる理解でとらえられているのである.だから,性質別分類であるから「貨幣的ニード」のない者にも「非貨幣的ニード」がみとめられるのである.また,「貨幣的ニード」と「非貨幣的ニード」は分離でき,「非貨幣的ニード」か経済的側面に規定されないニードとすることができるのである.

三浦氏は日本の現在の,すくなくとも介護保険以前の社会福祉行政の性格を代替的ととらえているが,筆者も同じ考えである.日本の社会福祉は,孝橋正一氏がいうところの「代替性」と「補完性」のうち,「代替性」の方がより適切な性格規定だと筆者もかねてから考えてきた.諸種の社会保険の体系および住宅政策等の一般的生活政策が社会の底辺までふくめてナショナル・ミニマムを普遍的に保障しきれていないために,生活保護を中心にした社会福祉の政策が,金銭給付のみならず,医療,住宅,教育,対個人サービスまで含む総合的な内容のものとならざるをえないのである.それは正に代替であるとしかいいようがない.

このような代替としての公的扶助・社会福祉は,三浦氏によれば「救貧的選別主義」であり,そのため内容が「貧しい」ものとなるとされ,否定的にとらえられる.昭和22年の児童福祉法,38年の老人福祉法は,やや広がったものの,「一般的選別主義」といえるもので,まだ選別主義を脱してはいないという.好ましいのは,「普遍主義的社会福祉体系」で,そのような福祉体系のもとでは,「老人能力の維持あるいは潜在能力の開発を図るという,より積極的なものに転換を遂げることは明らか」とし,「ニードが生じた場合に誰でもが必要な施設,サービスの利用を図るという普遍主義的体系の確立が高齢化社会に向けて今改めて課題となってきているのである」(傍点三浦)と展望されているのである.[21]

好ましい課題とされる「普遍主義的社会福祉体系」に異論があろうはずが

ないが，三浦の議論は，要するに身体的依存性に起因するニードとしての一般性を，家族機能の一般的低下を理由として，制度としての普遍性の必要に単純に直接的に結びつけている議論であるといえる．そして，それはサービス施策に限定し，切り離す議論である．

　そこで，問うべきはサービス・ニードは一般的か，つまり，誰にとっても等しいサービス・ニードかという点になる．操作概念として，形式論理として二分化するのであれば「非貨幣的ニード」は誰にとっても必要な，つまり等しいニードということになろうが，実際は，サービス・ニードであっても経済的側面や家族的側面に規定された社会的サービス・ニードとならざるをえず，それは誰にとっても等しいものではないのである．そのことがこの調査結果をもとに指摘したい点である．

　第1に，介護は家事労働の一環であることを前述した (p. 94)．そしてそれは小さな共同体の中の経済的行為であることを述べた．だから家計が豊かであればサービスを外部から購入することも可能であるが，そうでなければ家族の中で担うしかない．医療ニードのように外に求めるしかないものとは本来的に性質が異なるのである．介護ニードは老人の身体状況にだけに規定されるのではなく，家族構成や住宅といった経済的要素にも規定されるものである．第2に，収入，家族構成も老人単身や老人夫婦といった核家族ばかりではなく同居世帯の方が多く，それだけでなく晩年において追加的に同居へと移行していく傾向がみられた．さらに，同居の意味は介護の必要によるだけでなく通常の生活の必要も付加されていることを指摘した．

　以上を考えるならば，介護ニードは誰にとっても等しいニードとはいえないことになろう．等しいニードとしては現れないものである．従来の応能負担から介護保険による応益負担への変更が，より所得の低い者の利用抑制として作用していることはすでに指摘されているところである．それは，介護が生活の1要素であるからであり，介護だけをニードの面で分離できないか

らである．分離できるとすれば，それはサービス利用料が無料か軽費，または負担できる範囲の応能負担で提供される場合であろう．

　したがって，介護保険は，誰でもが保険料を負担し，だから誰でもが権利として利用でき「選択」できる制度といわれているが，「普遍主義的社会福祉体系」とはいいがたいものであり，広く，だが薄く，なにより不均等に対応する制度といえるものである．したがって，大部分の者にとって，少なくとも目下のところは，「在宅」を，つまり日本でのその意味は依然として家族依存を前提としているといえるものである．家族依存を根本から変える改革でなければ真の「福祉改革」とはいえないと考える．

　医療サービスが普遍化するためには，医療保障制度の確立を必要とした．高齢期生活保障の観点から，家事援助サービス，介護サービスの「普遍主義的社会福祉体系」の確立が望まれることはいうまでもない．加えて同時に年金や住宅保障についても老後生活の安定のためには「普遍主義的社会福祉体系」が確立されなければならない．老人福祉法は，家事援助サービス，介護サービスを普遍化する内容のものであった．普遍化が進まなかったのは，普遍化のために必要とするだけの十分な財源が投入されなかったからであり，三浦がいうところの「一般的選別主義」——筆者には理解不可能な概念だが——のせいではないと考える．

　介護ニードの階層性を組み込んでいない介護保険給付は，それから除外される者をつくりだすことは必定である．介護保険料や利用料の負担の問題だけではなく，提供システムとして市場システムを全面的に取り入れていることに問題があり，社会福祉を必要とする者の特性に合致しないものだからである．寝たきりや認知症になって本人がどのようにしてアクセスし，サービスを「選択」できるのだろうか．家族や知人が代行することもできようが，その代行者が老人本位の選択をするとは限らない．介護保険はアクセスについての公的責任が曖昧な制度である．サービス必要の緊急度の高い者を発見し対処する責任を，介護保険以前は自治体の老人福祉課の通称ケース・ワー

カーが負っていたが，そのような責任体制が希薄になった制度では，必要とする者が制度から漏れ，そして潜在化していくことになろう．三浦氏は「普遍主義的社会福祉体系」を主張したのであって，直接的に介護保険を主張したのではないかもしれない．しかし，サービスニードを生活問題の次元から分離して，社会福祉経営論としてもっぱら供給システムの次元の議論へ浮上させたことで，介護保険の導入が容易になったと考えられるのである．

　低所得層に対しては生活保護の介護扶助で対応することになった．しかも，それは医療扶助と同じ現物給付である．それはいうまでもなく普遍主義に反するものであるし，生活保護法からの分離としてより普遍的性格のものとしてつくられたはずの昭和38年の老人福祉法を，また生活保護法に押し戻すこととなったといえよう．それは，歴史の逆行としかいいようがないのではなかろうか．

注）
1) 川上昌子「Ⅰ 生活保護世帯の推移と実態」日本社会政策学会年報第31集『日本の労使関係の特質』御茶の水書房，1987年
2) 三浦文夫「社会福祉の転換と供給問題—特にコミュニテイ・ケアとの係わりについて—」『現代の福祉政策』東京大学出版会，昭和60年を参照した．三浦文夫氏の著作は多数にのぼるが，氏の理論の基本的な輪郭はこの論文において示されていると思われる．
3) 三浦文夫，同上書，pp. 74〜76
4) 古川孝順「社会福祉の対象」古川孝順，庄司洋子，定藤丈弘著『社会福祉論』有斐閣，1993年，p. 149．古川は「誤解を招いている」と述べているが誤解ではないだろう．
5) 川上昌子「社会福祉と貧困」江口英一編『社会福祉と貧困』法律文化社，1981年刊．日本の生活保護は今日でも収入と資産が限りなくゼロでなければ適用されない．
6) 河合幸尾「現代社会福祉の対象」河合幸尾，宮田和明編『社会福祉と主体形成—90年代の理論的課題』法律文化社，p. 182
7) 川上昌子，前掲論文，1981年
8) 川上昌子「B・S・ラウントリーの研究」日本女子大学文学部社会福祉学科紀要『社会福祉』8号

9) P. タウンゼント『居宅老人の生活と親族網―戦後東ロンドンにおける実証研究』
10) 神奈川県『昭和38年神奈川県老齢者生活実態調査報告書』
11) 江口英一「序社会福祉研究の視角」『社会福祉と貧困』法律文化社, 1981年, p. 37
12) 松崎粂太郎『老人福祉論―老後問題と生活実態の実証研究』光生館, 1986年. 世帯類型, つまり家族構成については, 生活研究の重要な主題として, 籠山京, 江口英一らにより追究されてきた. 江口調査において社会階層はよく知られているが, 生活調査の分析において, 基本的に社会階層とともに世帯類型が常に用いられている. 江口英一「家族構成と生活水準」(『講座社会保障』第1巻, 至誠堂) は, 家族構成が生活水準を表す側面と生活水準を規定する側面があることをとらえた研究である. 世帯は消費生活の単位という以上の社会的性格をもつものである.
13) 同上書, pp. 1〜3
14) 「国民の中流化」を肯定的にとらえるか, 懐疑的にとらえるかはともあれ, 平均的な所得水準の上昇が生活の平準化をもたらしたとする考えが一般的である. しかし, 生活水準の平準化は所得水準の上昇, 平準化の結果というよりは生活様式の標準化, つまり, 社会的に必要とする生活費に引きずられていると考えられる.
15) 清水浩昭『高齢化社会と家族構造の地域性』時潮社, 1992年, pp. 64〜69 に「晩年型同居」の指摘有り.
松崎粂太郎, 山崎清, 川上昌子『老人福祉施策のあり方に関する調査』川崎市, 1983年での川上による別居後同居の指摘の方が早い.
16) R. M. チィトムスが『社会福祉政策』(恒星社厚生閣, 三友雅夫訳) の第6章において展開している「社会的時間」の概念は, 社会福祉の公的責任と普遍主義を考えていくに際して論拠となると考えられる.
17) 佐藤嘉夫も高齢者研究において60歳以上を高齢者としている. その理由を「公認の労働から引退年齢=社会経済的に規定された年齢, すなわち資本により『合理的』に簡知された労働力衰退年齢という『社会的老齢』」と説明している.「都市老人の生活と貧困」『老年社会学Ⅱ』垣内出版, 1980年, p. 348
18) 習志野市調査以前に実施, 参加した高齢者調査は, 以下のとおりである. これらの調査の経験を基に, 習志野市高齢者生活調査の枠組みをつくることができた. 1. 1968年調査の結果は, その一部を「ライフサイクルと生活設計」(一番ケ瀬康子編著『家計と生活』読売新聞社) の中で資料として用いている. 2. 1人暮らし老人調査, 1981年実施, 報告書はない. 3.『全国有料老人ホーム実態調査』全国有料老人ホーム協会, 1983年. 4. 松崎粂太郎, 山

崎清, 川上昌子『老人福祉施策のあり方に関する調査』川崎市, 1983年. 5. 江口英一, 河合克義, 佐藤嘉夫, 松崎粂太郎, 川上昌子『地域福祉の確立をめざして―巨大都市の福祉充足のあり方に関する調査報告書』東京都職員労働組合, 1988年. 上記の中で, 本論文と最も係わりがあるのは, 4, の川崎市調査である.
19) 三浦文夫『増補改訂　社会福祉政策研究』全国社会福祉協議会, 1987年, p. 65
20) 同上, p. 30
21) 三浦文夫『社会福祉政策研究―社会福祉経営論ノート』全国社会福祉協議会, 1985年, p. 202

III 女性・母子福祉

8　女性虐待の経済的側面に関する研究

はじめに

　この研究において着目するのは，女性虐待の経済的側面である．女性虐待としては，家庭内の暴力と社会的場面における人権侵害の二面が考えられる．この研究では主として前者を扱い，それとの関連において離別母子世帯等の生活実態について述べるつもりである．家庭内での女性の力と地位がその稼得能力と関連することを示唆する研究は多くみられるところである．家庭内の女性に対する暴力は，いうまでもなく身体的および経済的に相対的に弱い力しかもちえない女性に対する暴力である．身体的に弱いことは如何ともしがたいことであるとしても，経済的側面には可変性がある．とするならば経済的側面が低位であること，もしくは男性に経済的に依存する理由について検討を加えることは，虐待の防止を考えていくに際して意味のあることであろう．

　家庭内の女性虐待問題に関する研究は，社会的に表面化しにくいために「隠れた暴力」と表現されることに示される問題の特性から，研究の着手も比較的近年であり，現在でもなお社会的に顕在化することが少ないためにとらえることが困難な問題とされている．その背景には，近代社会の中での近代家族は私的領域とされてきたこと，その家庭内での暴力に対して法的規制が及びにくく，ある種の治外法権領域となっている．しかも近代家族において，家族の中での主たる稼ぎ手である夫（男性）が一家の「主人」としての身分的ともいえる地位を保持している場合が一般的である．妻は夫の暴力にさらされても，家族を私的領域とする近代社会にあっては，制度としての家族にからめ取られて夫の暴力から逃れにくいことが，多くの研究者によって指摘されている．近代制度としての家族は，妻に家庭以外での生き方があるということを考えさせない．つまり退路を塞いでしまうように心理的にも経

済的にも機能する．その中で妻は暴力から逃れる実際的な術をもち合わせず，そのため何十年もの間，身体障害者になる程の暴力にも耐えながら，家庭の中に留まっているケースがまれではないことが，この問題を取り扱っているほとんどの文献において指摘されている．

家庭内女性虐待に関する研究の関心は，上記のような異常ともいえる状況のため，夫婦関係の心理的側面に関する研究と，家庭内暴力の危機的状況の実態を明らかにしてカウンセリングのあり方を探る，または相談所やシェルターなど救済の方法を探るという実践課題に向けられてきた．問題の深刻さや緊急性からして臨床的な方法論の研究が中心とされていることは当然のことであろう．

ところで，この研究においては，冒頭で述べたように，経済的側面を研究するつもりであり，上記のような方法的研究を深める作業はしない．それは，方法的研究に意味がないからということではなく，筆者の研究の専門領域からして，生活問題の視点から接近する以外の研究方法をもち合わせていないからということが主たる理由である．虐待問題と経済問題がいかなる関係にあるかを探求することが本研究での主題である．

1. 経済力による支配の意味

これまでの家庭内女性虐待に関する研究において，経済的側面にだけ関心を限った分析はあまりなされてきていないようであるが，以下に虐待の経済的側面について言及されている事柄を拾い上げることにしたい．

家庭内女性虐待に関する最も基本的文献とされているレノア・E・ウォーカー著『バタードウーマン』によれば，バタードウーマンの一般的イメージは「複数の子どもを抱え，無職で経済的に夫に頼りきっていて，ほとんどが貧困層で，マイノリティーと思われている」が，実際は「ほとんどは中流階級と高額所得者であり，夫が経済権を握っている」．妻は無職の者ばかりではなく「職に就いている女性も多く，有能なキャリアウーマンである事も少

なくない」．女性ならば，「50％の確率」でバタードウーマンになりうるとウォーカーは述べている．[1]

50％の確率というのは，夫または恋人がいる女性の50％が虐待を受けているという意味ではなくてバタードウーマンと同じ境遇におかれれば50％の確率でバタードウーマンになりうるという意味と解される．[2]

この著書の研究は，ウォーカーがラジオ，テレビ，その他をとおして暴力を経験している，または，経験した女性にたいして面接調査のボランティアを呼びかけ，それに応じた120ケースの分析を主にしたものである．ウォーカーは無作為調査をしたものでないのでデータの分析には統計は使わないとし，「被虐待女性が示した共通点に重点をおき，そこから一般論を引き出」すというケーススタディーの手法をとったと述べている．[3] したがって，上記のことも統計的に確かめられた記述とはいえない．ラジオやテレビ等による調査の呼びかけに応じるという行動をとりやすいのは，中流家庭や学歴がありキャリアもある女性の方だと思われるので，集められた標本は中流家庭に偏っていると推測されるが，すくなくともバタードウーマンの中に中流階級が多く含まれることは確かであろう．

また『かくれた暴力』の著者であるE・エヴァーソンも，暴力の有無は学歴や社会階層に関係がないと指摘している．[4]

日本における被虐待ケースについての本格的な調査とされる平成9（1997）年に行われた東京都の調査においても，調査ケースは52ケースと少ないのであるが．暴力を受けている女性のパートナーの階層は，経営管理職，専門技術職，事務職が半数を超えていることが示されている．[5] また，「夫（恋人）からの暴力」研究会による自計式により796ケースの虐待を受けた女性について行われた調査においても．短大，専門学校以上の学歴者が7割を占め，平均世帯収入は全国平均のそれを上回ることが指摘されている．[6] 以上の調査は，調査に応じる者を申し出させているので，先に指摘したウォーカ

ーの研究と同様の調査回答のバイヤスが考えられ，そのため中流層が多くなっていると推測されるが，くりかえし述べることになるけれども，中流層がすくなくとも虐待と無縁でないことは，これらの複数の調査研究から確かめられた事実であるといえる．

　ウォーカーは上記の著書において，経済は虐待の道具として2つの方法で用いられると指摘している．「1つは女性の中に貧しさに対する恐れを作り上げて罠にはめるやり方，2つ目は経済力で威圧するやり方」であると．前者は間接的な方法であり，後者は直接的方法である．ウォーカーの関心は後者に主にあり，上記の著書では後者に重点を置いて論じている．というのは後者の虐待の方法は，経済力のレベルに関係なく用いられており，貧困層でも高所得層においても非常に有効な方法であり．「虐待関係にある夫婦にとって経済的安定は夫婦の経済力に関係なくいつも問題になる」事柄だからというのである．たとえば自分のお金がない，あるいは自分のお金でないために，妻が手に入れたいと思うある物を手に入れられないときの感情がどういうものかと問うている．つまり「経済的な剥奪は心理的肉体的な支配としてあらわれるものである」と．手にするお金はいつでも夫が稼いだものとして取り扱わなければならない．だから夫の機嫌を損ねないようにしなければならない．共有財産もローンを組む関係等から夫名義とされ2人の名義になっていないために別れようとしても被る損失が大きい．自由になるお金がもてない以前に，生活必需品を購入するお金さえも渡されないことがあるなど．経済的な剥奪は虐待の本質である．「現実の彼女たちは経済的に1人でやっていけないと思っている．心理的な繋がり，そして金銭が彼女らを虐待者につなぎ止めておくのだ」と．つまり，家庭は夫の経済力に裏打ちされた支配の場であり，夫に私物化されて心理的に呪縛されてしまい，さらには妻のみならず，子どもの親族にまで暴力が及ぶ事を恐れ，妻の合理的な判断力を不能とするというのである．[7]

その具体的な様相を示す事例を2, 3抜粋するとは次のようである．

クリスティーナの場合：

　職業をもった有能な女性であるにもかかわらず経済的罠にはまり年間15万ドル以上の収入がある夫から逃れられることが困難であった事例．夫が暴力を振るうのは年間1-2度であったが，小さなハラスメントやしょっちゅう起こる小さな事件に耐えられなくなった．また，もうすぐ殴られる日が近いと感じられることに恐れを抱き，離婚の申請をしたところ，税務署から夫の収入からの妻の取り分についての税金を3万5千ドル支払うようにいってきた．これまで税務関係はすべて夫に任せていたので事情がわからず，また自分の年収は1万8千ドルであるため支払い不可能であり，一緒に住むしかなかった．年末に予想していたとおりひどく殴られた．裁判の結果，自分の未払い分の税金が払える金額に変更されたので離婚する事ができた．

ロレッタの場合：

　子どもが小さい間虐待に耐えた事例．子どもが成長する10年間虐待のある日々に耐えたが，ある朝，目が覚めたときこれで終わりにしようと決心した．昨晩殴られた傷が痛み，なぜその日に限ってそう思うことができたのかはわからないが，このようにしてずっと彼と一緒にいるか殺すかしかないと考えた．そこで彼に内緒で十分な収入の得られる医療技術学校に日中通うことにし，2年後資格を取得して結婚生活を終わりにする．その間も殴られ続けた．

ジュリアの場合：

　人格のすべてを夫に呑み込まれた事例．心理学の専門家の夫と学生時代に研究の手伝いをしているうちに結婚．結婚後も夫の仕事を手伝っていたが，そのうち夫の代わりに論文を書くまでになり高い評価を得る．しかしその業

績は夫の名前で発表されたものであり，夫の暴力がひどくなったので離婚しようと考えたとき，学歴も学会での評価も自分にはなにもなく，学者としては自立できない事に気づく．[8]

以上のように，ウォーカーは，家庭内女性虐待が家庭内での経済的威圧と不可分の関係にあることを指摘しているのである．それは所得金額の大小に関係なく起こることととらえている．

2. 家計の管理システムと女性の地位・虐待に関する研究
(1) 家計の管理システムの特徴

次に，家庭内における女性の地位の考察を進めるにあたり，家計の管理システムに関する研究に着目することにしたい．世帯所得がどのようにして得られ，支出の仕方がどのように決められているか，誰が決定権を行使しているかを具体的に知ることは，上記の経済的威圧が実際にはどうなのか，どの程度なのかを具体的に明らかにするものであると考えられる．

ここではジャン・パール著, *MANEY AND MARRIAGE*, によりながら考察を進めたい．

家計の内部構造の研究は，筆者も高齢者を含む世帯については関心をもち研究してきたことがらである．高齢者を含む世帯における個人化の急速な進展過程にある日本の家族においては，複雑な様相がみられるのである．同様に，夫婦関係における収入の得方，夫婦間の配分と管理のあり方等に関しても，今日，妻でも稼働収入がある者が増加してきていることと社会規範の動揺期にあることから複雑であることが想像され興味を引かれるテーマである．「家族は，歴史的過程におけるあまりにもさまざまな異なった形態を呈するので，それは生物学的構造というよりもむしろ社会的構造としてみなければならない」[9]というパールの指摘は家族問題の研究者ならば誰もが肯定するであろう．パールがここでいう異なった形態とは，外形的な家族構成の

形態の変化のみでなく，家計費の配分，管理，コントロールのあり方までを含む内容として示されており，そのような内部構造に着目して研究している点が注目されるところである．

　家族が社会的構造であるということは，第1にそれは家族間の関係が世帯として完全に一体化しているものではないことを意味する．家族内部において家族間に対立がある，たとえば，マネーを巡って男性優位，女性の経済的依存というイデオロギーによる支配があるということである．

　第2に，そのような家族内社会的構造は家族外の社会的構造を映し出しているということである．結婚時における稼働収入は概していえば男性の方が高い．「大きな稼得能力を源としてすでに力をもっている男性は，結婚の性質に関するイデオロギーを作る立場にある」．[10] 他方の女性は，結婚後は家事の役割を担うことになり，「家族の世話は，いつまでも愛の労働であって，世話の代償は彼女たちの経済的依存という状態であり続ける」．愛の労働はお金にはならないと．[11]

　第3に，女性が，結婚後も働き続けるか，女性の賃金の高さはどうか，家事の男女間分担や福祉施策によりどれだけ同等に働く条件をもち得ているかなどは経済力の差による世帯内での女性の地位に影響を与える事柄である．

　以上述べたように，現在においても，基本的には男性優位，女性の経済的依存という関係の中にあるとして，パールは，先行研究によりながら次に述べるような4つの家計管理システムの分類を提示している．[12]

① 妻管理型（wife management），あるいは一体システム型（whole wage system）
　夫妻のどちらか，通常は妻がすべての家計財務を管理する責任をもち，支出についても相手の小遣いを除くすべてに責任をもつ

② 手当システム型（allowance system）

　このシステムの一般的な型は夫が妻に定期的に手当を与え，妻は家計費の特定の費目について支払う義務を負う．妻の稼働収入や児童手当はプラスされる事が多い．残りのお金は夫のコントロール下にあり，夫は他の費目について支払う．妻の手当から支払うべき責任の範囲は多様であるが，極端な場合は食費だけということがある．

③ 貨幣共同型（pooling system），または共同管理型（shared management）

　共同管理型を採用している夫妻は共同口座，共同の財布をつくり，両者の所得がそこに入れられ，両者がそこから引き出す．両者が世帯に入る所得に関わることができ，支出責任は両者にある．結婚のパートナーシップモデルに傾倒している型である．年輩者と若い人たちにこれが多い．

④ 独立管理型（independent management system）

　この型の本質的特徴は夫妻とも所得を得ており，世帯共同の貨幣をもたないことである．夫妻は特定の支出項目に責任をもつ．所得に対する分離したコントロール，支出に対する責任原則が維持されている．

　上記のうち①のシステムをとる者が多いのは低所得の世帯であり，夫が生活費の管理から逃避するため，つまり，やりくりをしなければ生活維持が困難であるところから，そのやっかいな役割を妻に押しつけていると考えられる．②のシステムは手当として妻に渡した残りは夫のコントロール下にあり，主要な所得を夫が使うことができる．③のシステムは夫婦間の平等イデオロギーに立つものであり，結婚のロマンチックな側面を示す．しかし，女性の稼得能力の低位性と依存性を内包する．④のシステムは夫婦ともに収入を得ている場合に多い．最も明確な独立管理型の例は，若い専門職夫妻にみられる．食料や請求書を支払う共同の財布がある場合は，きちんと等分して

負担するという風である.

　さて,世帯内部の貨幣の配分パターンの実際についてとらえるべく,パールは,イギリスのケント地方の3地区において,少なくとも16歳以下の子どもが1人以上含まれる世帯について調査を実施し（平均子ども数2.3人）,102ケースについて調査結果を得ている.調査世帯の特徴を簡単に説明すると夫婦ともに雇用者である世帯が48.0％.夫が雇用者,妻は無職である世帯が38.2％.夫婦とも非雇用者である世帯,つまり失業者である世帯が10.8％である.夫の社会階層は中間職40％,熟練肉体労働が40％,半熟練肉体労働が13％であり,専門職は3％,非熟練肉体労働が4％であり,イギリス全体の構成と比べると,専門職と非熟練肉体労働が少なく,中間職が多い.つまり調査対象として上層と下層部分が相対的に少ないという特徴をもつ.調査結果は表8-1の通りである.歴史的経過をとらえるべく親の配分システムについても質問しているので,比較のため示すことにする.[13]

　調査の結果表をみると,共同管理システムの世帯が56％を占め,圧倒的に多い結果となっている.ついで手当システムであるがそれは22％であり,妻管理一体システムが14％である.独立管理は9％である.上記したよう

表8-1　調査世帯夫婦とその両親の配分システムの比較

(％)

	調査夫婦	夫の両親	妻の両親
妻管理（一体システム）	14	34	21
夫管理（一体システム）	0	3	5
手当システム	22	45	59
共同管理	56	15	14
独立管理	9	3	1
合　計	100	100	100

出典：ジャン・パール著（室住真麻子他訳）『マネー＆マリッジ』ミネルヴァ書房,1994年,p.126

に調査対象世帯に上層と下層の割合が少ないことを反映しているのかもしれないが，共同管理システムが半数を超えることは注目に値する．夫の親と妻の親では配分システムの構成比に多少の違いがみられるが，ともあれ親の世代では手当システムと妻管理システムが圧倒的に大きな割合であったことは共通している．親世代の手当てシステム＋妻管理システムから，子世代の共同管理システムへの移行が近年の特徴であり，かつ急速な変化であることを示している．

そのように，共同管理システムが大きな勢力をもってきているのはなぜか．1つは共稼ぎ世帯が増えたこと．既婚女性の就業率が1961年には30％であったのが1981年には60％に増大したことが1つの背景として考えられる．もう1つは意識の変化であるとパールは述べている．

「数量化することは不可能であるが，おそらく最も重要な影響を及ぼしたのは，男性優位に異議を唱え女性の優位を支持し維持するイデオロギーを挑発した女性解放運動であろう」と述べている．そのように「社会経済的環境と，世の中の見方を形作るイデオロギーがしばしば大きな説明力をもつ」ことを調査の結果が示しているということだが，それにしても配分システムが，前の世代から次の世代へのわずか1サイクルの間に，大きく変化したといえる．[14] だが，上記したように共同管理システムは，妻の就業率の高まりを背景とするとはいえ，妻の収入は，独立管理型とは違って，概していえば夫の収入より低く，家計補充的である．また夫の収入が高く家計に十分な余裕があるということでもない．世帯の収入を構成するが，お互いの収入が少ない．つまり夫は妻よりは高い収入を得ているが夫としては十分といえない収入であるために共同化せざるをえない．ここで注目しておくべきは妻の方がより低位であるということである．つまり「共同」は「平等」を十分に保証するほどの経済的根拠となるものではないということである．ともあれ，

パールは自分が調査したケント地域はイギリスの平均的状況を表すものと評価しているのである．

ちなみに，パールが調査を実施した時期とさして変わらない1979年に，P・タウンゼントが貧困地域で調査した結果によると，共同口座をもっているのはたったの1％ということである．[15] 夫妻ともに特別の資格をもたない不熟練の低所得労働者の場合は，賃金が現金で，週単位で支払われることから銀行口座をもたないことになりがちであるということである．

(2) 家計の管理システムと女性虐待

このような家計の配分システムと家庭内虐待の関係について次に考察する事にしたい．M. ホーマーらにより虐待がみられる家庭について1985年に研究された結果によると，表8-2のようである．[16]

平均的な，普通の家庭の配分システムとしてとらえられているパールのそれと，虐待のあるホーマーたちの研究結果とを比べると明らかな違いがみられる．パールの結果と比べて特徴として指摘できる点は，第1に「手当システム」の割合が49％と最も多く，パールの研究結果と比べて2倍以上の割

表8-2 虐待のある夫婦の配分システム

	虐待のある世帯	パールの調査
妻管理（一体システム）	21	14
夫管理（一体システム）	22	0
手当システム	49	22
共同管理	5	56
独立管理	4	9
合　計	100	100
調　査　数	78	102

出典：表8-1に同じ
　　　虐待のある世帯の調査は "M. Hoer, A. Leonard and P. Taylor, Private Violence and Public Shame, Cleveland Refuge and Aid for Women and Children"

合となっていること，第2に妻管理であれ夫管理であれ「一体型」があわせて43％であり，この型はパールの3倍の割合である．「手当システム」と「一体型」とを加算すると92％にもなる．虐待のある世帯の配分システムは，この2つのうちのいずれかであるといってよい．共同管理型は5％と極端に少ない．

　この虐待のある世帯の割合をみると，その数値が親世代の配分システムの構成と実に似通っていることに気づく．時代をさかのぼった，つまり，時代遅れの配分システムといえるかもしれない．意識が時代遅れであることは確かであろう．最も，親世代の配分システムにおいては妻管理型が多く夫管理型はほとんどみられなかったが，現代の虐待世帯では一体型において夫管理型が妻管理型と同じ割合で多くみられる．また．同じ手当システムであっても，親世代の手当システムと，現在の虐待世帯の手当システムでは内容が異なるかもしれない．というのは，親世代のそれが夫の実際の経済力の大きさよりも男性優位のイデオロギーの方に立脚していたのに対して，現代の手当システムは，もっと夫の経済的余裕があることに立脚していると推測される．なぜなら，パールの調査対象者の親世代の社会階層が親世代の社会階層よりも高位のものが多かったとは考えにくいからである．

　ともあれ，虐待がある世帯では，大方一体型と手当型に二分され，共同管理型は少ないという特徴を示している．一体型は低所得層に多く，手当型は中・高所得層に多いことはすでに述べた．そのことと関連させて考えると，どちらが原因で，どちらが結果とはいいがたいが．虐待と経済的側面にはともあれ強い相関関係があることを認めることができる．「手当システム」においては夫の支配力は強く作用し，妻または夫管理型の低所得層においては，渡したお金を夫が取り返すとか．妻はまったくお金を渡されないで放っておかれるとか，お金を巡る強い緊張関係が想像される．ホーマーらによると極限状態にある結婚状態においては，財務編成は変化し，稼得者は稼得しない者に分け前を与えないようになるということである．[17]

実際に虐待が行われている世帯において共同管理型がわずか5％しかみられないが．パールによれば，現在の平均的な配分システムでは「共同管理型」が増加しているということである．では，「共同管理型」の増加は，家庭内虐待を減少させる方向で作用しているであろうか．この予想への回答は今後の研究を待たなければ正確なことはいえないが，「共同管理型」が中枢を占めていくとすれば，家庭内の女性虐待を減少させる方向に全体としては作用すると推測しても良いかもしれない．形式的ではあれ平等イデオロギーが「共同管理型」の特徴である．しかし，上記したように，「共同管理型」は，男性優位，女性の経済的依存を内包していること，また，ドパッシュが指摘するように「暴力に先立つ喧嘩の大半は妻の家庭内での義務や貨幣の配分に関する期待へのズレによって．夫が嫉妬し怒ることに原因が集中する」[18]とすれば妻も発言権をもつ共同管理だからこそお互いの「ズレ」に基づく諍いはより多く発生するかもしれない．しかし「手当システム」ほどには内部閉鎖的になり家庭内暴力とならないで，夫婦関係の早期の破綻，解消へと導かれるかもしれないとも思量される．ともあれ「独立管理型」にまで，つまり，男女の経済的側面における実質的な平等関係にまでならない限りは，男性優位による内部対立的関係の発生の可能性はなくならないと考えられる．

（『淑徳大学社会福祉共同研究報告書』2000年3月）

注）
1) レノア・E・ウォーカー著（斉藤学，穂積由利子訳）『バタードウーマン』金剛出版，p. 33.（原著　Lenore E. walker, *The Battered Woman*, 1979.）
2) 日本で東京都が実施した『女性に対する暴力』平成10年によれば，精神的，身体的，性的暴力の3つに分けて被害の有無について回答を求めた結果は，「何度もあった」とするものが精神的暴力は15.7％，身体的暴力は6.9％，性的暴力は3.7％である．女性の有効回答数は1553標本である．日本において出現率を調査したものとしてはこれしかないとされてきたが，平成11年9月に総理府が全国調査を実施し，夫らから「生命の危険を感じるくらいの暴

行を受けたことがある」ものは 2.7％であったという結果が報道されている．
（『朝日新聞』平成 12 年 2 月 26 日朝刊の記事）
3) ウォーカー著，前掲書，p. 8
4) E. Evason, *Hidden Violence*, p. 76.
5) 『「女性に対する暴力」調査報告書』東京都，平成 10 年 3 月，p. 78
6) 「夫（恋人）からの暴力」調査研究会『ドメスティック・バイオレンス』有斐閣，1998 年，p. 26, 27
7) ウォーカー著，前掲書，p. 122
8) 同上
9) Jan Pahl, *Maney and Marriage*, 1989, Macmillan, p. 9.（訳書：ジャン・パール著，室住真麻子，木村清美，御船美智子訳『マネー＆マリッジ』ミネルヴァ書房，1994 年）
10) パール著，同上書，p. 123
11) 同上書，pp. 166 ～ 167
12) 同上書，p. 67
13) 同上書，p. 119
14) 同上書，p. 120
15) P. Townsend, *Poverty in the United Kingdom*, 1979. の再分析による．
16) M. Homer, A. Leonard and P. Taylor, 'The burden of dependency' in *Marital Violence*, 1985.
17) M. Homer, A. Leonard and P. Taylor, *Private Violence and Public Shame*, p. 15 に「明らかにされた困苦のすべてを説明するには世帯の経済的条件つまり収入の大きさをみるだけでは不十分である．女性と子どもの第 1 次貧困の多くは世帯所得の水準に関係なく世帯内の配分の結果である」と指摘されている．
18) R. E. and Dobash R. P. Dobash, *Violence against Wives*, 1980, p. 98.

9 離別母子世帯の社会経済的地位について ―Y市の離別母子世帯の実態調査，1997年から

　前章（8章）の研究で述べた，レノア・ウォーカーが指摘するもう1つの経済的な理由，つまり貧困に陥る事への恐怖という罠に関連して，1997年にY市で実施した離別母子世帯の生活実態について述べることにしたい．千葉県の1つの市において母子家庭の生活実態調査をすることができた．パールによると，パールが調査をした時点である1986年におけるイギリスのフルタイム労働者の男女間賃金格差は，男性に対して女性はその66％の高さということである（Central Statistical Office, 1986）．日本におけるフルタイム労働者の全産業での男女格差は1998年の『賃金センサス』によると，ボーナス込みで49％である．実際の生活について，特に虐待に関連して，「貧困の恐怖の罠」として女性の労働条件を考えるとしたら，フルタイム労働者ではなく，非常勤のパート賃金を考える必要がある．パート賃金が，離婚を思い立ったとしてどれだけの収入が得られるかを考える現実的な離婚・自立の条件であるといえる．フルタイム男子労働者を100とするとパート女子労働者は同じく『賃金センサス』によると22％という極端な低さである．

　Y市では2つの調査を実施した．1つは離別母子世帯調査として児童扶養手当を受給している世帯の調査，2つは保育所を利用する母親の労働条件およびその世帯の経済条件についての調査分析である．これら2つの調査分析結果を用いて．離別母子世帯の経済的地位をとらえることにしたい[1]

1. 保育所利用世帯にみる一般世帯と母子世等の収入格差

　Y市における1997年7月現在における保育所利用世等の全数である1220世帯について，保育所申込書から，分析目的にとって有効と思われる項目について転記し，統計処理をし作表した．

① はじめに，上記の文脈との関連から女性のパート就労者の月収を正社員のそれと，男性である夫との対比においてみることにしたい．以下の表の通りである．夫の収入については，妻が正社員の場合とパートの場合に分けて表示している．

妻のパート月収をみると，5～10万円未満に47％，5割弱が集中している．平均額は8万9千円である．それに対して正社員は15～20万円の者が最も多いが12％であり，30万円以上の公務員や専門職と思われる高賃金部分が49％みられ，したがって平均額は29万6千円である．パートは正社員の3分の1のレベルである．

次に，男性である夫と比べると妻が正社員の場合は夫の月収が50万円以上が47％をしめる．平均額は50万2千円である．妻がパートの場合は夫の月収が50万円以上である者は19.8％で約2割である．妻が正社員であれば妻の収入も高く，夫の収入も高い世帯が多いことが推測される．8章で述べ

表9-1　妻の雇用形態別妻と夫の月収

	妻の月収		夫の月収	
	正社員	パート	妻正社員	妻パート
5万円未満	3.7%	23.8%	0.7%	1.0%
5～10万円未満	9.5%	46.7%	0.5%	1.0%
10～15万円未満	8.9%	17.9%	1.5%	3.5%
15～20万円未満	12.2%	5.2%	1.2%	5.4%
20～25万円未満	9.7%	3.1%	3.2%	3.5%
25～30万円未満	7.0%	1.7%	2.4%	11.1%
30～40万円未満	19.3%	1.2%	16.5%	30.9%
40～50万円未満	16.4%	0.2%	27.5%	24.0%
50万円以上	13.3%	0.2%	46.5%	19.8%
合　計	100.0%	100.0%	100.0%	100.0%
平均（千円）	296	89	502	401

資料：Y市保育所利用者調査より

た配分システムの第4の型の，独立管理型が多いと思われる．そのことをここでは注目するのではなく，妻が正社員であれパートであれ，男である夫の月収は，40万円以上であることに着目したい．夫と別れることは，やや誇張していえば，月収40万円が夫の収入としてもたらされる生活から，女性のパート収入だけの生活，8万9千円の生活に移行することを意味する．離婚すれば，パートの就労時間を増やすとか，正社員の雇用を求めるとか，収入を増やす努力が払われることはいうまでもないが，かなり困難なことである．下記の③において，離婚した女性の収入がどのレベルであるかを示している．ここでは，4分の1のレベルに下がる可能性を示唆するにとどめる．

② 次に一般世帯と母子世帯について，働く女性の月収の比較をすると次の表の通りである．一般世帯においても，母子世帯においても，正社員とパートが含まれている．保育所利用世帯についての分析であるので，女性が無

表9-2 一般世帯と母子世帯別女性の月収

	夫婦+子ども		母+子ども	
	人数	%	人数	%
5万円未満	119	15.9%	10	8.2%
5〜10万円未満	202	27.0%	33	27.0%
10〜15万円未満	84	11.2%	33	27.0%
15〜20万円未満	60	8.0%	16	13.1%
20〜25万円未満	42	5.6%	13	10.7%
25〜30万円未満	33	4.4%	4	3.3%
30〜40万円未満	78	10.4%	9	7.4%
40〜50万円未満	70	9.4%	3	2.5%
50万円以上	59	7.9%	1	0.8%
合　計	747	100.0%	122	100.0%
平均（千円）	200		149	

注：収入不明ケースを除く（一般世帯161ケース，母子世帯14ケース収入不明）
資料：Y市保育所利用者調査より　1997年調査

職である世帯は含まれない．働いている女性についてだけの比較である．一般世帯と母子世帯を比較した場合の母子世帯の特徴は5万円未満が一般世帯が15％であるのに対して母子世帯は8％と少ない．しかし，5〜10万円のランクは27％と両者違いがない．5〜10万円の収入しかない者が27％，10万円〜15万円の者が同じく27％で，平均は14.9万円である．母子世帯の月収がいかに低位であるかである．夫婦と子どもの一般世帯の場合は10万円未満が多いが，同時に30万円以上の者も多いという傾向がみられる．母子世帯では月収の多いものでも20〜25万円と25〜30万円の範囲である．母子世帯は5万円未満は少ないが，30万円以上の高額の者も少ないという特徴がある．ともあれ，重要な特徴は，平均が15万円であることであり，稼働収入がなにより重要である母子世帯において，一般世帯の女性よりも少ない金額でしかないことである．

表9-3　一般世帯と母子世帯における世帯収入比較

	夫婦＋子ども		母＋子ども	
	人数	％	人数	％
5万円未満	1	0.1％	8	6.6％
5〜10万円未満	5	0.6％	31	25.6％
10〜15万円未満	4	0.5％	33	27.3％
15〜20万円未満	16	1.9％	17	14.0％
20〜25万円未満	21	2.5％	13	10.7％
25〜30万円未満	41	4.9％	4	3.3％
30〜40万円未満	130	15.5％	9	7.4％
40〜50万円未満	157	18.8％	4	3.3％
50万円以上	462	55.2％	2	1.7％
合　計	837	100.0％	121	100.0％
平均（千円）	615		159	

注：収入不明ケースを除く（一般世帯71ケース，母子世帯15ケース収入不明）
資料：Y市保育所利用者調査より

③　最後に，世帯収入の全体について比較することにしたい．一般世帯ではほとんどの世帯が30万円以上であり，50万円を超える世帯が55％を占める．それに対して母子世帯では10～15万円のものが最も多い．平均額は一般世帯が61万5千円に対して母子世帯は15万9千円である．上記した働いて得た月収を1万円ばかり上回る程度の収入しか得られていないことになる．この点は児童扶養手当受給世帯について後で述べたいと思うが．世帯収入としてみて一般世帯の4分の1のレベルでしかないことを再度指摘しておくことにする．

2. 離別母子世帯の生活実態

　母子世帯の収入水準について一般世帯との対比でみてきたが．「貧困の恐怖の罠」として現実的示唆的である母子世帯の中の離婚世帯，つまり生別母子世帯についてさらに具体的に生活実態をみることにした．離別母子世帯の調査を，東京の近郊市の1つであるY市において児童扶養手当受給世帯調査として実施することができた．

　児童扶養手当は，現行の児童福祉政策の中で重要な施策である．死別母子世帯には遺族年金の給付があり死別母子世帯の経済生活は基本的にそれに支えられている．それにたいして離別母子にたいしては社会保険給付がないので，社会扶助としての児童扶養手当が設けられている．医学と医療保障の発展の成果として若い夫が死亡することは稀となり．死別母子世帯は減少しているのに対して，離別母子世帯は増加傾向にあり母子世帯のほとんどが離別母子世帯で占められていることは知られていることである．離別母子世帯は児童扶養手当の支給を得られるとはいえ，非常に困難な生活状況に置かれている．その特徴を調査から得られた結果で示すことにする．

　ここで分析のために用いる資料は，児童扶養手当利用者を対象としてお願

いしたアンケート調査の回答である．調査方法を具体的に述べると，児童扶養手当を受給しようとする者は，「現況届」を毎年提出することが義務づけられている．その現況届の市からの「お知らせ」にアンケート用紙を同封して調査への協力をお願いした．そして現況届を市役所に届けるとき，別にアンケート提出用の箱を設けておき，無記名のアンケート解答用紙を任意に入れてもらうという方法をとった．回答者に自分で記入してもらう調査の方法であるので，質問の数は多くするわけにはいかない．20問の簡単な調査である．したがって，以下の分析も簡単なものであるが，児童扶養手当利用者の，輪郭や生活状況の概略はとらえることができた．

　回答者は，調査対象としたY市の児童扶養手当受給総数672人の内，498人であり，調査の回収率は74.1％である．アンケート提出日は1997年8月4日から9月8日の間である．

(1) 調査母子世帯の概要

1) 母の年齢

母本人の年齢をみると，平均で36.3歳である．5歳刻みで年齢分布を示すと，24歳以下の若い母親は，3.8％と少なく35歳から39歳までが最も多

表9-4　母親の年齢（調査時）

	人数	％
19歳	1	0.2
20～24歳	18	3.6
25～29歳	91	18.3
30～34歳	96	19.3
35～39歳	109	21.9
40～44歳	96	19.3
45～49歳	87	17.5
合　計	498	100

資料：Y市児童扶養手当受給世帯調査より

い．とはいえ．25-29 歳から 45-49 歳まで，母親の年齢は各年齢階級において 20％弱で同じような割合であり，年齢の幅は広く広がっている．それは児童扶養手当が，子どもの年齢が 18 歳になるまで受給できる制度であるので，末子が 18 歳ちょうどになるときまで受給すると，その母親の年齢は 40 歳代まで広く分布しても当然であろう．このように年齢層の幅が大きいということは，年齢によりその世帯が抱えている問題が異なるかもしれないし，離別母子世帯として一律にとらえるわけにはいかないライフステージ別の問題があることを分析に際して考慮する必要があると考える．

2) 子どもの年齢構成と現況

次に子どもの年齢をみると，これは，同居の子どもすべての年齢であって，受給資格のもととなる子どもだけではない（表 9-5）．平均年齢は 10.8 歳である．0-4 歳は 16％である．それ以上の各年齢階級に含まれる人数の割合が 25％以上であることと比べると幼児は少ない割合である．小学生から中学生，そして，高校生，またはあるいは働いているかもしれない 15 歳以上の子どもも多く，幼児がいる家庭よりも小学生以上の子どものいる家庭の方が多い．

表 9-5 子どもの年齢

	人数	％
0〜4 歳	136	16.9
5〜9 歳	203	25.3
10〜14 歳	211	26.3
15〜19 歳	217	27.0
20〜24 歳	32	4
25 歳	1	0.1
不明	3	0.4
合　計	803	100

子どもの現況を学齢で分類してみると表 9-6 のようである．表 9-5 は，

表 9-6 子どもの現況

	人数	%
乳幼児	32	4
保育園児	129	16.1
幼稚園児	25	3.1
小学生	241	30.3
中学生	145	18.1
高校生	127	15.8
専門学校，短大	5	0.6
大学生	12	1.5
社会人	47	5.9
その他	32	4
不明	8	1
合　計	803	100

5歳刻みで示しているのでこの表との関連をとらえることは難しいが，学齢前の子どもについてみると，在宅の乳幼児32人4％，保育園児129人16％，幼稚園児25人3.1％である．学齢以前の子どもの総数は3者を合計すると186人となる．そのうち保育園児は69％である．保育園児が多いが，すべてが保育園児というのではなく，祖母その他の助力によるのか，または本人がみているのか31％もが保育園以外で養育されている．アンケートの最後で市や国に望むことについての自由記述をお願いしたが，その中に，保育園の利用料が高いので，託児所に預けているというのがあった．そのような事例が量的にどのくらいあるのかはわからないが，今の保育料でも高いと感じている人が自由記述の中にかなりみられた．

　中学卒業以降の状況についてみたいのであるが，集計表の範囲では細かい点を正確にとらえることはできない．先の年齢構成表では，15歳以上の子どもは250人である．高校生は下の表では127人であるが，高校生に匹敵する年齢のもののうち何割が高校に進学しているかを示すことはできない．前表の年齢構成をみたとき中学生高校生に当たる年齢の人数に差がなかった．

下の表では中学生の人数と高校生では中学生の方が145人に対して高校生は127人で18人ほど少ない．そのことから推測すると，大方は高校に通学していて，高校進学していない子どもはそれほど多くない人数であることが推測される．社会人の人数に対して大学生の人数は明らかに少なく大学進学はできていないといえる．「その他」という分類があるが，生徒でも学生でも，社会人として正規に就職しているものでもないものを「その他」とした，32人，4％である．

3) 家族員数と家族構成

家族員数の平均は，3.1人である．そのうち1人は母親で，1.6人が子どもで，残りの0.5人は祖父母その他である．表をみると2人規模と3人規模のものが多い．2人規模が33％，3人規模が37％である．この2つで7割を占める．4人，5人の規模のものも少なくない．

表 9-7 家族の人数

	人数	％
2人	170	34.1
3人	187	37.6
4人	84	16.9
5人	43	8.6
6人	10	2
7人以上	4	0.8
合　計	498	100

表 9-8 家族構成

	人数	％
母と子のみ	377	75.7
母と子とその他	121	24.3
合　計	498	100

家族構成は，子どもと母だけからなるものが，377世帯で，全世帯の76％を占める．母の父や母，子どもにとっての祖父や祖母と同居のものは，121世帯24％である．

(2) 現在の生活の実態

次に，現在の生活がどのようであるかをみていくことにしたい．児童扶養手当を受給するには所得の上限があるので，ここではその上限以下の母子世帯を分析していることになる．したがって，死別は含まないことを含めて，母子世帯の全体ではない．そのことを前提にしてみていく必要がある．

1) 収入額と収入の種類

勤労収入の金額についてみると，300万円まで50万円刻みで示しているが，0円，つまり働いていないものが12％，50万円未満のものが9％，50

表9-9 勤労収入

収入額	％
0円	12.1％
1円～50万円未満	9.0％
50～100万円未満	14.5％
100～150万円未満	20.7％
150～200万円未満	19.1％
200～250万円未満	11.8％
250～300万円未満	5.8％
300～400万円未満	4.0％
400～500万円未満	1.2％
500万円以上	1.8％
合　計	100.0％

表 9-10　収入の種類

	人数	%
勤労収入	430	86.3
財産収入	5	1
生活保護	21	4.2
親兄弟からの仕送り	27	5.4
児童扶養手当	498	100
前夫からの養育費	99	19.9
同居家族の勤労収入	39	7.8
同居家族の年金等	18	3.6
その他	8	1.6
計	1145	230
総　数	498	100

万円から100万円未満のものが15％であり，以上で3分の1をこえる．最も多いのは次ランクの100万円以上150万円未満のもので21％である．次いで多いのが150万円以上200万円未満のもので，19％である．以上で75.1％であり4分の3のものが200万円以下の勤労収入である．

　以上，金額をみたのは勤労収入についてだけであるがどのような収入種類を得ているかを示すと表9-10のとおりである．
　児童扶養手当が全員であるのは当然として，86％のものが勤労収入を得ている．大きな割合ではあるが，全数ではない．上述したように働いていないものが1割強いるということである．21人4％が生活保護を受給しており，他は同居家族の収入によるか，親兄弟からの仕送りによるか，前夫からの養育費によるかである．これらの収入があってもそれだけではなく同時に働いているものが多い．生活保護を受給しているものも多くは働いている．

　上記に関連して，養育費についてみると，養育費をうけとっているものは

表 9-11　養育費の取り決めの有無

	人数	%
ある	145	29.1
毎月受け取っている	77	15.5
受け取っている	22	4.4
受け取っていない	43	8.6
ない	251	50.4
不明	102	20.5
合　計	640	100

表 9-12　取り決めた金額

	人数	%
1万円〜	2	1.8
2万円〜	11	9.6
3万円〜	25	21.9
4万円〜	8	7
5万円〜	38	33.3
6〜10万円未満	21	23.8
10万円以上	9	2.1
合　計	114	100

99人であるが，養育費の取り決めをしたものは145人29％である．取り決めをして毎月受け取っているものが77人，毎月ではないが定期的に受け取っているものが22人である．取り決めはしたが受け取っていないものが43人である．3分の1弱は取り決めをしても受け取っていない（表9-11）．取り決めをした145人の養育費の月額は表9-12のようである．10万円以上は9人にすぎなく，多いのは3万円と5万円である．この金額では生活はまったくできない．

2)　仕事について

現在，仕事に就いているものについてみると，ついているものは498人中

表 9-13　仕事の有無

	人数	%
仕事に就いている	437	87.7
仕事に就いていない	61	12.2
合　計	498	100

表 9-14　就業形態

	人数	%
自営業	16	3.7
正社員	228	52.2
パート	185	42.3
内　職	4	0.9
合　計	437	100

表 9-15　仕事をしない理由

	人数	%
預金・仕送りがある	2	3.3
子どもが小さい	9	14.8
本人が病気療養中	20	32.8
自分に向く仕事がない	7	11.5
雇用先がない	7	11.5
親と同居し困らない	3	4.9
子どもを預けられない	3	4.9
その他	9	14.8
合　計	61	100

437人であり，88％である（表9-13）．その就業形態は，正社員が52％，パートが42％，自営業が3％，内職が1％である（表9-14）．保育所利用者と比べると，やや正社員が多い．しかし，際だって多いということではない．自営業，内職は少ない．自営業はもし可能ならば子育てをしながら働くには，最もよい就業形態であるが，自営業を始めるのは容易ではない．

仕事をしていない61人についてその理由を訊ねた結果は表9-15の通りである．しない理由で最も多いのは，本人の病気である．20人33％が病気と答えている．次いで多いのは子どもが小さいためという理由で15％である．とはいえまったく収入がなければ，あるいは親と同居というようなことでなければ，働かざるをえないだろう．経済的に困らないので働いていないと明確に判断できるのは，「預金仕送りがあり仕事の必要がない」と答えたものと「親と同居のため働く必要がない」と答えたものであり，合わせて8％である．後は仕事がないとか子どもを預けるところがないという理由のものである．仕事に就きたくても，特に正社員として働きたいという思いは強いことが自由記述から伝わってくるが，幼児を抱えた母子家庭の母親が職探しに如何に苦労し，結局は就労できないことが同じく自由記述の中で述べられている．「子どもが病気の時に休むだろう」ということが採用を拒否される一番の理由のようである．

　ついで，仕事の種類について，まず，正社員として働いているものの仕事の種類をみると，事務職が最も多く正社員228人の内78人68％である．他に正社員として雇用されている仕事は，若い年齢層では営業関係で25人である．30歳代40歳代で多いのは看護関係で看護助手やヘルパーなどを含めると32人である．工員は25人である．後は美容師等サービス業関係や販売関係で，美容師のような専門技能職や若い人に向いている仕事などで正社員として雇用されている．

　パートはいろいろである．事務員のパートも27人おり，実にいろいろな職種にわたっている．注目される仕事として夜の仕事がある．サービス業もだが，お弁当やさんなど夜から早朝までの仕事に従事している者がみられる．理由は時間当たりの賃金がよいことと，子どもの夕ご飯の支度をした後に出勤できる仕事として選ばれている．

表 9-16　仕事についての悩み

	人数	%
収入が少ない	267	61.1
労働時間が長い	77	17.6
仕事がきつい	96	22
人間関係がまずい	48	11
仕事が難しい	19	4.3
仕事がつまらない	15	3.4
勤め先が遠い	52	11.9
雇用や身分が不安定	128	29.3
休暇がとりにくい	95	21.7
悩み，不安はない	52	11.9
その他	24	5.5
総　数	437	100

　就労についての悩みは多い．仕事についての悩みを選択肢を示して3つ以内で答えてもらった（表9-16）．最も集中した回答は「収入が少ない」である．61％のものが収入が少ないことを悩みとしてあげている．次に多いのは「雇用や身分が不安定」という回答で29％である．「仕事がきつい」や「休みがとりにくい」も多い回答である．「今のところ悩み，不安はない」は12％である．ちなみに，この1年間に転職したものが96人，19％である．低収入で不安定であることが一番の悩みとなっている．

　3）　住まいについて

　住まいの種類についてみると，持家は62人12％で1割でしかない．離別母子世帯になるということは安定した生活基盤である住居という経済条件を失うことである．親の家に同居しているものが76人15％であるので，それ以外は借家ということになる．借家は342人69％である．借家の種類としては民間借家とともに公団が断然多い．Y市の特徴といえる．

表9-17　住宅の種類

	人数	%
持　家	62	12.4
借　家	160	32.1
公　団	162	32.5
市営住宅	15	3
社　宅	5	1
親，親族の家に同居	76	15.3
その他	14	2.8
不　明	4	0.8
合　計	498	100

表9-18　家賃　ローン

	人数	%
1万円未満	87	17.5
1万円～	16	3.2
2万円～	17	3.4
3万円～	114	22.9
4万円～	46	9.2
5万円～	56	11.2
6万円～	43	8.6
7万円～	44	8.8
8万円～	17	3.4
9万円～	10	2
10万円以上	11	2.2
不　明	37	704
合　計	498	100

　家賃もしくはローンの金額は表9-18のとおりである．3万円が最も多い．ついで5万円が多い．6万円以上は22％であり，おおむね5万円以下の家賃の住宅に居住している．1万円未満というのは持家あるいは親との同居で，ローン支払いのないものである．

表 9-19 住宅についての悩み

	人数	％
家が狭い	154	30.9
騒音日照ほか	49	9.8
教育環境が悪い	31	6.2
生活が不便	53	10.6
家賃，ローンの返済	94	18.9
家主とのトラブル	9	1.8
同居の親等とのトラブル	14	2.8
近所つきあい	55	11
保育所が遠い	12	2.4
職場がない	47	9.4
悩みはない	145	29.1
その他	33	6.6
合　計	696	139.8
総　数	498	100

　住宅の悩みとして表 9-19 のようなことがあげられている．選択肢を示して 3 つ以内で回答してもらったものである．

　最も大きな悩みは，「家が狭い」ことである．家賃をもっと出すことができればもっと大きな家に住むことができる．支出できる家賃の中で選ぶしかないが，その結果として狭いことになる．子どもが小学生までであれば，2 間でもよいが，高校生位に大きくなると狭く感じられるようになるようである．次にあげられている悩みは「家賃，ローンの支払い」である．狭いことと負担に感じることとは同じ悩みの表と裏であろう．

　その他，騒音，日照，生活上の不便，職場が遠いといった住宅の貧しさを表す悩みに集中している．さらにもう 1 つ注目されるのは，近所付き合いの問題があげられていることである．母子家庭への社会の特別な見方が影響しているのだろうか．

　他方，住宅の悩み無しとしたものは 145 人 30％である．

4) 社会保障について

児童扶養手当受給世帯についてのアンケート調査であるので，全世帯が児童扶養手当を受給している．その他には先の収入の種類でみたように生活保護を受給しているものが21世帯であった．健康保険の加入状況は表9-20の通りである．健康保険が最も多く261人52％である．残りは主に国民健康保険であるが，国民健康保険は218人43％である．勤務先の就労形態と照応している．健保であれ，国保であれ，健康保険に加入していないものが16人3％みられる．

年金の加入状態についてみると（表9-21），厚生年金が243人49％である．各種共済も11人2％みられる．国民年金が184人36％である．そして，加入していないものと回答しなかったものが，前者が48人9.6％，後者が12人2.4％である．回答しなかったものは年金無しと推測される．1割

表9-20　健康保険の種類

	人数	％
国民健康保険	218	43.8
健康保険	261	52.4
加入していない	16	3.2
不　明	3	0.6
合　計	498	100

表9-21　年金の種類

	人数	％
国民年金	184	36.9
厚生年金	243	48.8
各種共済	11	2.2
加入していない	48	9.6
不　明	12	2.4
合　計	498	100

強のものが年金加入無しである．この事実は重大である．生別母子世帯は遺族年金のみならず，老後において夫の老齢年金の恩恵に浴することもできない．

(3) 母子世帯の抱える困難

1) 離婚時に困ったこと

離婚に伴う困難についてみることにしたい．離婚を考えるときそのことが特に重要な意味をもつのはいうまでもない．母子世帯になった最初のときに，大変な状況になると思われるので，夫と離別した直後に困ったことをみることにした．

当時困ったことを選択肢をあげ3個以内で回答してもらった．表9-22のとおりである．最も多いのは，生活費である．417人84％が「生活費」に困ったと回答している．次が「就職や仕事のこと」そして「子ども」のことである．約半数が困ったこととしてこの2つのことを同時にあげている．

表9-22 別れたとき困ったこと

	人数	％
生活費	417	83.7
借金の返済	75	15.1
子どものこと	235	47.2
就職や仕事のこと	253	50.8
住居	105	21.1
病気	33	6.6
相談相手がいない	28	5.6
勤務先近所の人間関係	21	4.2
家族との人間関係	24	4.8
前夫との関係のもつれ	46	9.2
その他	8	1.6
困ったことはない	15	3
合　計	1260	253.0
総　数	498	100.0

「住居」のことをあげた者は21％である．「借金」の問題をあげている者が75人15％みられる．本人の借金なのか，離別した夫の借金なのかは判別できないが，15％という数値は決して小さくない．借金がらみで離婚したものと思われる．

さて，別れたときの子どもの年齢は表9-23の通りである．末子の年齢が4歳以下のものが61％である．9歳以下，つまり小学校低学年以下ということでみると先の4歳以下も含めると82％である．このように8割のものが子どもが小さいときに母子世帯になっている．しかも，収入を得るために仕事をしなければならないという状況になるが，別れたときに仕事に就いていたかどうかを訊ねると，仕事についていたものは42％である．残りのものは就職活動をはじめることになる．42％は仕事に就いていたということで仕事についていたものの割合は思いのほか高いのであるが，それは急遽別れることになることもあるが，夫との日頃の関係や状況が悪くなって，なんと

表9-23　離別時の末子の年齢

	人数	％
1〜4歳	306	61.2
5〜9歳	104	20.9
10〜14歳	58	11.6
15〜16歳	7	1.4
不　明	24	4.8
合　計	498	100

表9-24　離別時の就労の有無

	人数	％
有　り	209	42
な　し	286	57
不　明	3	1
合　計	498	100

かかわりに妻が生活を立てようとしてそれでもうまくいかなくて別れているケースも多いのである．その過程で別れる前に妻は仕事についている．それでも半数以上は別れたときに仕事に就いていない．生活費の問題が第1位にあげられるのは当然である．仕事に就いていても十分な賃金ではないのだから．

先に，自由記述の中に，就職のための面接時に子どもが小さいと子どもは保育園に預かってもらうといっても病気の時休むことになるからといって雇ってもらえないという記述が多いことを紹介した．就職できるかどうか，生きられるかどうかの切羽詰まった問題だけに，対策が求められる問題である．また，子どもが小さいと，住まいを借りるにも難渋するようである．子どもがいるとうるさいことや汚すということで断られることは，一般の夫婦世帯でも経験することであるが，加えて家賃の支払い能力が十分でないとすれば部屋探しの困難も倍加することになる．離婚時の困難はこの点でも大変なものであるといえる．

母子世帯となることは，幾重にも問題を抱えることになる．このことを強調しておきたい．

2) 現在，困ること

現在児童扶養手当を受けているものが，ひとり親になった時の年齢は，平均で31.3歳である．調査時現在の年齢は36.3歳である．丁度5年が経過している．子どもの現在の平均年齢は10.8歳であるが，受け始めたときは5.8歳だったことになる．5.8歳が10.8歳になったとして，どんな変化があるかを考えると，幼児だった子どもが小学校高学年になった．子どもに手がかからなくなり，思春期前で，まだ問題行動は少ないだろうし高校進学の心配をする必要もまだない．経済的にも子どもにまだお金がかかる年齢ではない，上記したように9割が就労し．正社員になれるものはなっている．住宅もそ

れなりに狭いという悩みはもちつつも確保できている．それなりの安定を得ているという姿を描くことができる．

　以上は，あくまで平均値で考えた場合である．実際には，母子家庭になったばかりで小さい子どもを抱え，仕事探しに奔走しているものもいるし，母子家庭として5年ではなく10年以上経って高校進学や子どもの就織の問題があるものもある．経済的に不自由で，時間的にも子どもとの交流を十分にもてず，子どもが今何を考えているのか，子どもの将来をどのように考えたらよいのかわからず，今が，最も困っているという世帯があることが自由記述から窺えた．

　現在，子どもについての悩みは何かあるかと訊ねた結果は以下の表9-25の通りである．表によると幼児から小学校時にかけての課題である「しつけ」が41％で最も多く，「育児」の悩みをあげている者も11％みられる．だが，「教育」が36％，「進学」が27％，「就職」が12％とより年長の子ど

表9-25　子どものことで困ること

	人数	％
育　児	57	11.4
教　育	182	36.5
しつけ	207	41.6
対　話	77	15.5
病　気	70	14.1
友人関係	78	15.7
進　学	135	27.1
就　職	60	12
非行化	50	10
結　婚	8	1.6
その他	17	3.4
別になし	64	12.9
合　計	1005	201.8
総　数	498	100

もの問題も多くあげられている．子どもの結婚の問題をあげている者まである．ひとり親として，これらの問題に対応することは大変なことであろう．子どもの「友人関係」が15％，「非行化」が10％とやや難しい問題をあげている者も相当数あり，これらへの対応はさらに大変な問題である．

3) 母本人のこと

母本人のことについては質問を多くは設けていない．質問したのは健康の問題と自由記述として「ひとり親ということで社会的につらい思いをしたことがありますか」という問に答えてもらったことである．健康問題をみると「1日が終わったとき疲れを感じるか」の問に対して，「感じない」と「翌日までに回復」と回答したものは34％になる．3分の1である．「疲れが翌日まで残る」ものが同じく3分の1,「いつも疲れている」が3分の1である．健康状態の質問に対しては，「病気がち」と「病気加療中」とを合わせると22％である．心身ともに健康といえないものが少なくない．自分で対処できない多くの困雑を抱え心身共に疲れて，あるいは，働きすぎて体をこわすものを，われわれはこれまでに実施してきたほかの地域の母子世帯でも多くの事例をみてきている．

自由記述で述べられていることをまとめると，いくつかの点に要約できる．第1はすでに述べた就職の困難である．小さい子どもがいるということが大きなハンディになっている．また，やめるわけにはいかないという弱みにつけ込んで，賃金を引き下げるとか長時間労働を強いるとかの扱いをされる．第2に家探しの問題．これもすでに述べたところである．第3が好奇の目でみられたり，噂をされることをあげている者も多い．第4に，社会あるいは施策における配慮のなさがあげられている．せっかく配られたプール券に母子父子用と印刷されていたため子どもがかわいそうで使わせることができなかったとか，ひとり親では時間がなくPTAの役員にはなれないのでPTAの会の時は下を向いていなくてはならないこと，父親参観日とか，

表 9-26 困ったことが起こった時どうしているか

	人数	%
自分で解決する	293	58.8
両親兄弟，親戚に相談	272	54.6
友人，知人に相談	191	38.4
公的相談機関に相談	50	10
相談相手，方法がなし	28	5.6
その他	8	1.6
合　計	842	169.1
総　数	498	100

PTAの父親の会とか父親がいない家庭はどうすればよいのか，などの指摘がなされていた．最後に困った問題が生じたとき，どうしているかを訊ねた．その回答は以下のようであるが，複数回答であるため100％を越える（表9-26）．自分で解決するが59％と他を頼らない姿勢がみられるが，同時に親兄弟等に相談するものが55％である．あわせると100％を越えてしまう．大抵のことは自分で解決するが，親兄弟に相談することもあるということだろうか．友人知人が38％と思ったより高い割合であった．地域を歩き訪問して感じたことであるが，地域での母子世帯同士の繋がりがあり，助け合ったり情報交換したりがなされているようであった．他方で，公的な機関を利用するものが10％あり．また，相談相手がなく．方法がわからないものが5.6％みられる．このようにインフォーマルな関係をもっていなくて孤立状態にある人がいることがわかった．

むすび

8章と9章の2つの研究を結びつけて最後に考察を述べたい．女性虐待について，経済的側面に着目しすすめてきた研究において，男性の経済力の家庭内における威圧としての意味，実際の家計運営のシステムの歴史的変化と現在の妻の就労率および女性の地位の高まりの中での「共同管理システム」

の広がりとその意味について述べ，そして，離婚ないし離別した女性の社会的地位の低さと生活困難の重層性について調査に基づき述べてきた．

経済的威圧はレノア・ウォーカーによると社会階層の高低，所得水準の高低に関係なく男性の経済力が家庭の中で女性に対してそれ自体が威圧として作用するということであった．以上進めてきた研究結果からいえることは，それにたいする反証ではなく，離別女性のあまりの地位の低さのもつ「貧困の罠」としての意味の重要性である．「貧困の罠」は男性の経済力の威圧の効果をさらに高めるように作用する補完的意味をもつと思われる．このことを研究の結果として強調したいのである．

離別後に，9章でみたような生活が展開するとすると，簡単に家庭から抜け出すわけにはいかない．それでも面接をして詳しく話を聞かせてくれた女性は，次のように話した．彼女はいまは離婚して生活保護で暮らしているということであったが，夫からの暴力とともに生活費も渡されなかったようである．そのためパートで働き子どもと自分の生活費を自分で得ることにしたが，十分な収入は得られなかったという．夫と別れ生活保護を受けることができるようになり，生活が安定し向上したという．さして高くはない保護基準の生活ができることに，彼女は喜びを表し深く感謝していた．「とても，表現できないような低い生活があるのですよ．どんなに苦しい生活か，あんな生活があるということは，あなたにはわからないでしょう」と彼女は語ったのだった．彼女は自分だけの稼働収入では，子どもを抱え，保護基準以下の生活しかできなかったのである．妻自身ではどう打開しようもなかったが，夫が病気し入院したことで生活保護が開始され，離婚へとつながることになる．このケースは，家庭内における夫の経済的威圧と貧困の罠とがまさに結びついていた事例であるといえよう．

注）
1) これらの調査はY市の子どもプラン作成のために行った調査の一部である．

IV

障害者福祉

10　講演　福祉の仕事と手話通訳
　　　—習志野市聴覚障害者実態調査から

はじめに

1991年に千葉県習志野市の委託で聴覚障害者実態調査を実施しました．

この結果については，習志野市の報告書として出ています．

さて，私の専門は，社会福祉関係の調査でありまして，社会福祉調査に関しては，任せてくださいといえると思っています．

さて今日の主題であります「福祉の仕事としての手話通訳」ですが，このテーマに関しまして，1つ目に"手話通訳に求められるものはなにか"，そして2つ目に"仕事としての手話通訳が確立する条件とはなにか"この2つの事を考える必要があると思います．

まず，手話通訳に求められる仕事の特徴を考えてみたいとおもいます．そこで，実際に手話通訳という仕事はいったい何をしているのか，調査の結果から皆さんに多少お話したいと思っています．

この調査は，習志野市障害福祉課のケースワーカーの人たちが，習志野市の状況，つまり，障害者の生活実態はどうか，どういう施策が求められているかについて調べたいとのことでの依頼でした．

調査としては，習志野市の聴覚障害者の全数調査が実施できましたので貴重な調査となりました．1つの自治体で，聴覚障害者の全員の方から話を伺う調査ができたのは初めてのことではないかと思います．千葉県下の手話通訳者の方々の全面的協力によりできたことです．

この調査を実施したことで，手話通訳者の必要が確認され，市に常勤で設置することになりました．

1. データから

この聴覚障害者の調査を通して，いくつかの点に気づかされました．聴覚

障害者の人々は，確かに，1人ひとり違う状況に置かれていました．

〈障害程度と困難度の感じ方〉

通常は1級，2級の人たちが障害が重く，3級の人は，より重くないぶんハンディキャップは小さいだろうと予想します．実際に調査した結果は，1, 2級の人が3級の人に比べて，日常生活面で必ずしも大変というわけではなくて，3, 4級の人の方が大変な面もあることがわかりました．

そのことは市の障害者福祉課のケースワーカーさん達が，調査に取りかかる前に，日常業務の中で窓口で接していて感じることとしておっしゃっていたことです．どうも役所の窓口で来る方の相談にのっていると，3・4級の人の方が困ることが多いように思うとのことです．この1級・2級の重度の方と，3級より軽い方との大きな違いというのは，1級・2級の方は小さいときに障害をうけた方が多いのに対して，3級よりも軽い方は，中途で聴覚障害になった方が多いことが影響するようです．

〈調査結果からみえる傾向〉

初診年齢についてみた図10-1をみてください．9歳以下と10歳以上に分けてみていただきたいと思います．9歳と10歳でわけているのは，いわゆる10歳の壁といわれる聴覚障害に特有な観点からです．

1・2級の方は，9歳以下の人が28.4％となっています．ここでは155人を調査しています．その全数を100％として，その155人のうち，1・2級の，9歳以下の人は44人ですから，それは155人を100としたら28.4％，約3割になります．

ところで，1, 2級の方は，全部で47.7％です．その47.7％の中の34.2％が64歳以下ということですが，そのうちの28.4％ということでありますから，1, 2級の方の中でこの9歳以下でなったという方は，83％と非常に多いことがわかります．

3級以上の軽度の人というのは，64歳以下でなった人は56.1％とあります．44％の方が65歳以上でなった方ですから，1, 2級の人よりも多いということであります．また，65歳以上の人に占める割合は，1・2級の人は13.5％と少ないのです．このように年齢と障害の級は関係があり，1・2級の重い障害の場合には小さいときから障害を負った人が多いといえます．

〈なぜ家族類型か〉

家族類型も65歳以上と64歳以下とは分けて，とらえていく必要があります．

実際にはもっと高齢者の割合が高いだろうと思いますが，調査対象とした身障手帳をもっている人ということで考えますと，いろんな障害種類において，だいたい半々という感じです．64歳以下と65歳以上では，いろいろな面で違いが非常に大きいということで，これを分けてみていく必要があります．

まず，なぜ家族類型に目を向けるかです．

障害をもつ者が家族にいれば，家族で世話をするのが当然であると考えられてきました．たとえば64歳以下の障害者本人プラス親という類型があり

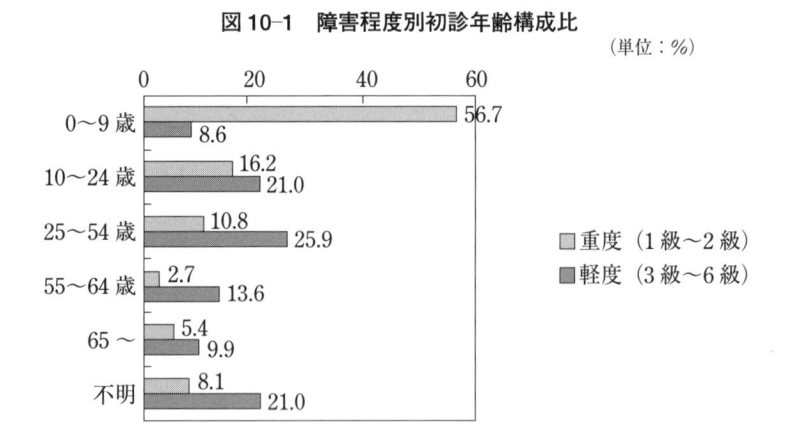

図10-1　障害程度別初診年齢構成比

(単位：％)

年齢	重度（1級〜2級）	軽度（3級〜6級）
0〜9歳	56.7	8.6
10〜24歳	16.2	21.0
25〜54歳	10.8	25.9
55〜64歳	2.7	13.6
65〜	5.4	9.9
不明	8.1	21.0

ます．この本人プラス親という形，障害をもっている若い人は，親に保護されているのが当然のことであると考えられてきたと思います．その点について，習志野市の聴覚障害者の場合には，そうではなくなってきていることがわかりました．

〈64歳以下では自立的な生活〉

64歳以下のところに特に注目して欲しいのです．

単身世帯は9.8％，約1割の人が聴覚障害をもちながら単身で暮らしています．次に夫婦が29％で約3割になります．さらに，夫婦プラス子どももいる人が24.4％です．夫婦世帯，夫婦プラス子どもは，夫婦のどちらか，あるいは両方が聴覚障害です．子どもが聴覚障害者ということはほとんどありません．

この3つを加算しますと4分の3の人はいわゆる親に世話をされているのではなくて，自分で，または家族をもって暮らしていることになります．世帯類型でいうと64歳以下の人に自立している傾向がみられます．

女性の場合も同じで，単身が2.6％です．夫婦が33％，夫婦プラス子どもがいるという方が28％と，これらを加算すると64％の方が自立的な生活を営んでおり，自立している方が，多くなっているといえます．

〈7割弱は生計中心者〉

次に，生計の立て方についてみたいと思います．生計中心者の続柄でみますと，本人，または配偶者が生計中心者である割合は，男子の場合には65.7％となります．

64歳以下だけの人をみると，本人が64％そして配偶者というのが5％と，男子の場合には69％です．女性の場合は本人が8％，そして配偶者が55％です．女性の場合で63％，男性の場合で69％です．約7割弱の人が障害者本人，ないしは，配偶者が生計の中心になっています．上記したこ

と，親の保護の下にあるというのは偏見です．もっと依存的であろうと勝手に思いこんでいたことになるわけです．

〈就労が支える家庭生活〉

特に1・2級の方たちは結婚をし，場合によっては子育てをしながら家庭生活を営んでいます．聴覚障害をもっている人の場合は，就労が比較的可能だということが大きな支えになっています．

64歳以下の1, 2級で合計26ケース，そのうち就労中の人が21ケースです．26人のうち21人が働いています．3級以上の場合は15人中13人です．

表10-1　本人を中心とした世帯類型

世帯類型		1・2級		3級以下		計		
		実数	%	実数	実	実数	%	%
本人65歳以上	単身世帯	3	14.3	9	16.7	12	16.0	7.7
	夫婦	1	4.8	17	31.5	18	24.0	11.6
	本人＋既婚子	10 (1)	47.6	17 (5)	31.5	27 (6)	36.0	17.4
	本人＋未婚子	4 (3)	19.0	11 (8)	20.4	15 (11)	20.0	9.7
	本人＋二親等	3 (1)	14.3	0	0.0	3 (1)	4.0	1.9
	計	21 (5)	100.0	54 (13)	100.0	75 (18)	100.0	48.4
本人64歳以下	単身世帯	2	3.8	3	11.1	5	6.3	3.2
	夫婦世帯	20	37.7	5	18.5	25	31.3	16.1
	夫婦＋子＋他	12	22.6	9	33.3	21	26.3	13.5
	本人＋親＋他	15	28.3	8	29.6	23	38.8	14.8
	本人＋二親等	2	3.8	2	7.4	4	5.0	2.6
	本人＋子	2	3.8	0	0.0	2	2.5	1.3
	計	53	100.0	27	100.0	80	100.0	51.6

注：( ) 内は，配偶者のいる者．内数

1，2級でなくてもかなりの人が仕事を得ることができています．未就職の方が1，2級で3人います．まったく最初から働かなかった方は稀でした．

〈低い共稼ぎ率〉

ところが，現在，女性の64歳以下の方で，39人中働いている人は13人と少なかったのです．

約3分の1しか女性の場合働いていないのです．普通の共稼ぎ率よりも聴覚障害者の場合の共稼ぎ率はかなり低いといえるでしょう．共稼ぎはできないのです．なぜなら，聴覚障害をもって主婦をしてらっしゃる方々の家事の仕方は，とっても丁寧で，手を抜くことをなさっていないのです．とても就労との両立はできません．

〈年金・生活と定年後の再就職〉

本人の収入をみますと，稼働収入がある者は，総合計の合計では35.5％です．64歳以下，若い人達の方でみますと61.3％の人に稼働収入があります．これは主に男性と，それから結婚してない女性の人たちです．

64歳以下の方は76％の人が年金収入を得ています．65歳以上の方はさらに年金収入の方が高い割合です．88％の人に年金収入があります．65歳以上の人は，稼働収入がない，稼働収入が非常に少なく，ある人は6人と少ない状況です．65歳以上の再就職の難しさは聴覚障害者だけではありません．しかし再就職は聴覚障害があった場合にはもっと難しい．今の雇用促進制度では若いときには雇用されますが，定年で1回辞めた後，再就職するということはかなり困難，普通の人よりも困難です．そのことが65歳以上の方の稼働収入率が8％と低いことに示されています．年金収入を加えて，その2つが十分なレベルになっているかどうかです．実態は，共稼ぎをしにくいことがありますし，生活はきつい，きちんと切りつめてやらなければ生活できない収入水準です．

表10-2 本人の稼働収入額の分布

	障害の程度	64歳以下						65歳以上						計					
		1級,2級		3級以下		小計		1級,2級		3級以下		小計		1級,2級		3級以下		小計	
収入額(年)		実数	%	実数	%	実数	%	実数	%	実数	%	実数	%	実数	%	実数	%	実数	%
男	0円	2	7.7	2	13.3	4	9.4	5	71.4	15	60.0	20	62.5	7	21.2	17	42.5	24	32.9
	～49万円	1	3.8	1	6.7	2	4.9	0	0.0	0	0.0	0	0.0	1	3.0	1	2.5	2	2.7
	～99万円	0	0.0	1	6.7	1	2.4	0	0.0	1	4.0	1	3.1	0	0.0	2	5.0	2	2.7
	～149万円	2	7.7	0	0.0	2	4.9	0	0.0	0	0.0	0	0.0	2	6.1	0	0.0	2	2.7
	～199万円	2	7.7	1	6.7	3	7.3	0	0.0	2	8.0	2	6.3	2	6.1	3	7.5	5	6.8
	～299万円	7	26.9	5	33.3	12	29.3	0	0.0	0	0.0	0	0.0	7	21.2	5	12.5	12	16.4
	～399万円	3	11.5	2	20.0	6	14.6	0	0.0	0	0.0	0	0.0	3	9.1	3	7.5	6	8.2
	～499万円	4	15.4	2	13.3	6	14.6	0	0.0	0	0.0	0	0.0	4	12.1	2	5.0	6	8.2
	不明	5	11.5	0	0.0	5	12.2	2	28.6	7	28.0	9	28.1	7	21.2	7	17.5	14	19.2
	計	26	100.0	15	100.0	41	100.0	7	100.0	25	100.0	32	100.0	33	100.0	40	100.0	73	100.0
女	0円	16	59.3	7	58.3	23	60.0	12	85.7	22	75.9	34	79.1	28	68.3	29	70.7	57	69.5
	～49万円	1	3.7	1	8.3	2	5.1	0	0.0	1	3.4	1	2.3	1	2.4	2	4.9	3	3.7
	～99万円	4	14.8	0	0.0	4	10.3	0	0.0	0	0.0	0	0.0	4	9.8	0	0.0	4	4.9
	～149万円	3	11.1	2	16.7	5	12.8	1	7.1	0	0.0	1	2.3	4	9.8	2	4.9	6	7.3
	～199万円	1	3.7	2	16.7	3	7.7	0	0.0	0	0.0	0	0.0	1	2.4	2	4.9	3	3.7
	～299万円	1	3.7	0	0.0	1	2.6	0	0.0	0	0.0	0	0.0	1	2.4	0	0.0	1	1.2
	～399万円	0	0.0	0	0.0	0	0.0	0	0.0	0	0.0	0	0.0	0	0.0	0	0.0	0	0.0
	～499万円	0	0.0	0	0.0	0	0.0	0	0.0	0	0.0	0	0.0	0	0.0	0	0.0	0	0.0
	不明	1	3.7	0	0.0	1	2.6	1	7.1	6	6.7	7	16.3	2	4.9	6	14.6	8	9.8
	計	27	100.0	12	100.0	39	100.0	14	100.0	29	100.0	43	100.0	41	100.0	41	100.0	82	100.0

〈住宅の持家率と名義〉

　住宅の持家率は，全員を平均しますと53％の人が持家であるという回答でした．しかし本人名義，ないしは配偶者名義の家に住んでいる人は13％とかなり低い割合でした．

　原因は2つ考えられます．家は親から遺産としてもらわない限りは，賃金が十分高くないから貯金して家を買うことができないことが1つ考えられる理由でしょう．もう1つは銀行がお金を貸してくれるかがあります．聴覚障害があるとき，長期にこの人は働けて，長期に安定的な収入があると判断しなければ，銀行は貸してくれません．そういうハンディキャップがあり，本人名義の家をもっている人は13％になっているのでしょう．

表10-3 本人収入の種類

収入の種類 \ 障害の程度	64歳以下						65歳以上						合計					
	1級,2級		3級以下		小計		1級,2級		3級以下		小計		1級,2級		3級以下		小計	
	実数	%	実数	%	実数	%	実数	%	実数	%	実数	%	実数	%	実数	%	実数	%
稼働収入	32	60.4	17	63.0	49	61.3	1	4.8	5	9.3	6	8.0	33	44.6	22	27.2	55	35.5
年金収入	49	92.5	12	44.4	61	76.3	17	81.0	49	90.7	66	88.0	66	89.2	61	75.3	127	81.9
生活保護	0	0.0	0	0.0	0	0.0	1	4.8	4	7.4	5	6.7	1	1.4	4	4.9	5	3.2
家賃地代	0	0.0	1	3.7	1	1.3	1	4.8	2	3.7	3	4.0	1	1.4	3	3.7	4	2.6
利子配当金	1	1.9	0	0.0	1	1.3	0	0.0	4	7.4	4	5.3	1	1.4	4	4.9	5	3.2
仕送り	0	0.0	0	0.0	0	0.0	1	4.8	1	1.9	2	2.7	1	1.4	1	1.2	2	1.3
児童手当等	3	5.7	2	7.4	5	6.3	0	0.0	0	0.0	0	0.0	3	4.1	2	2.5	5	3.2
なし	1	1.9	5	18.5	6	7.5	1	4.8	0	0.0	1	1.3	2	2.7	5	6.2	7	4.5
不明	1	1.9	0	0.0	1	1.3	3	14.3	2	3.7	5	6.7	4	5.4	2	2.5	6	3.9
合計	8	164.2	37	137.0	124	119.0	25	119.0	67	124.0	92	122.7	112	151.4	104	128.4	216	139.4
ケース数	53	100.0	27	100.0	80	100.0	21	100.0	54	100.0	75	100.0	74	100.0	81	100.0	155	100.0

注:市単手当を除く

　経済的な条件でいえば聴覚障害は障害者の中では一番恵まれています．また，結婚して，夫婦で生活をしていく．自立の志向がひじょうに強い面がみられます．しかし，その基盤である経済的基盤は，今，申し上げたように，かなりきついものだと理解してください．

〈職業と家事〉

　本人の職業について64歳以下の男・女について表にしています．男性で，一番多いのは，規模30人以下の現場労務職で13人です．31.8％を占めます．次に多いのが，30人以上の会社の現場労務職12％です．専門技術職や規模30人以上の事務職・営業職は少ないです．

　次に，本人のための家事をする人をみました．

　64歳以下の1，2級の人の場合電話を自分で受ける人は20％．これはファックスも含まれます．そして3級以上となると33％です．外来者の対応も1，2級ではかなり困難なようです．病院には自分で行かないといけません．お医者さんには自分を診てもらわないといけません．それで，「自分で」ということになりますが，家族がついてくるが34％となっています．

表 10-4 男女別 64 歳以下の者の職業

		男		女	
		実数	%	実数	%
1	他人を雇い事業経営	1	2.4	0	0
2	家族で主にしている自営業	2	4.9	0	0
3	専門・技術職	3	7.3	0	0
4	規模 30 人以上の会社の事務職・営業職	2	4.9	1	2.6
5	規模 30 人以上の会社の現場・労務職	5	12.2	2	5.2
6	事務系の公務員	0	0.0	0	0.0
7	現業職の公務員	1	4.9	0	0.0
8	規模 30 人以下の会社の事務職・営業職	0	0.0	1	2.6
9	規模 30 人以下の会社の現場・労務職	13	31.7	2	5.2
10	商業・サービス関係の雇用者	1	2.4	1	2.6
11	職人	2	4.9	0	0.0
12	運転手	0	0.0	0	0.0
13	臨時・嘱託・派遣・パート	3	7.3	4	10.3
14	日雇い	0	0.0	0	0.0
15	内職	0	0.0	0	0.0
16	その他	1	2.4	1	2.6
17	無職	6	14.6	27	69.2
18	不明	0	0.0	0	0.0
	合計	41	100.0	39	100.0

　ヘルパー，その他の方がついてくるという率は病院が一番高いです．他の市役所などには，これは 0％になっています．行けば役所に手話通訳の人がいてくれるのだろうと思います．

　年をとると，中級程度の方でも，電話を受けることはしなくなるようです．私が調査に行きましたお宅は，玄関に張り紙がしてありました．「私は

耳が聞こえません．呼び鈴押しても聞こえません．勝手に入って来てください」と張り紙がしてあるのです．引き戸でしたが横に引きますと，鍵はかかっていません．私は，すすっと家の中へ入っていきましたけども，善意の人だけが入ってくるとは限りません．「危なくないのですか？」と聞いたのです．そうしましたら「いやあ，このあたりは昔から住んでいる人ばかりしかいないから，大丈夫ですよ」というのです．

〈用が足せることと暮らし〉
　いろいろな生活の場面で用を足すことをしなければいけませんが，聴覚障害者の方は，おおむねできている感じを受けました．しかし，用が足せるという生活のレベルです．通常の暮らし，あるいは，社会参加とはいえません．
　私たちの生活の中では，おしゃべりがかなりのウエイトを占めています．心配事があって相談をすることも重要なことですが，どれだけ気の置けない相談相手をもっているかです．その人がどれだけの社会関係をもっているか．どれだけ収入があるか，どういう家に住むことができているかという経済的な条件と共に，生活の条件として大きな意味をもつのは人間関係です．
　私の本来の専門は，生活保護関係です．生活保護世帯の調査においても訪問調査をしてきました．そうでないと細かいところが聞けないのです．1つの回答があるとして，それをどういう意味でそう回答されたかはわかりません．訪問をして顔をみてある答えをもらう．答えがスパッとわかることもあれば，なぜそう考えるのですかと聞き返したくなることもあります．
　生活保護調査の場合も多くの場合，訪問して調査をしてきました．生活保護世帯の特徴は表札がないことです．ということは手紙も来ないのです．たぶん贈り物もお中元お歳暮も来ない．だから表札を出す必要もない．表札がでてないということはほとんど社会関係をもたずに暮らしていることを意味します．

表 10-5　本人のための家事をする人

	電話の受信		外来者の対応		市役所		病院	
	実数	%	実数	%	実数	%	実数	%
1・2 級で 64 歳以下								
自分で	11	20.3	15	28.3	32	60.4	19	35.8
配偶者	4	7.5	7	13.2	8	15.1	1	1.9
その他の家族	21	39.6	15	28.3	9	17	3	5.7
自分も家族も	4	7.5	12	22.6	3	5.7	18	34
ヘルパー，その他	4	7.5	0	0	0	0	12	22.6
不明	3	5.7	3	5.7	1	1.9	0	0
不必要，その他	4	7.5	1	1.9	0	0	0	0
合計	53	100.0	53	100.0	53	100.0	53	100.0
1・2 級で 65 歳以上								
自分で	1	4.8	3	14.3	7	33.3	8	38.1
配偶者	5	23.8	4	19	4	19	3	14.3
その他の家族	11	52.4	9	42.9	8	38.1	1	4.8
自分も家族も	1	4.8	2	9.5	0	0	5	23.8
ヘルパー，その他	0	0	0	0	0	0	1	4.8
不明	2	9.5	2	9.5	2	9.5	2	9.5
不必要，その他	1	4.8	1	4.8	0	0	1	4.8
合計	21	100.0	21	100.0	21	100.0	21	100.0
3 級で 64 歳以下								
自分で	9	33.3	13	48.1	14	51.9	13	48.1
配偶者	6	22.2	6	22.2	2	7.4	2	7.4
その他の家族	6	22.2	4	14.8	7	25.9	0	0
自分も家族も	4	14.8	3	11.1	3	11.1	11	40.7
ヘルパー，その他	0	0	0	0	1	3.7	0	0
不明	0	0	0	0	0	0	0	0
不必要，その他	2	7.4	1	3.7	0	0	1	3.7
合計	27	100.0	27	100.0	27	100.0	27	100.0
3 級で 65 歳以上								
自分で	23	42.6	24	44.4	30	55.6	31	57.4
配偶者	11	20.4	9	16.7	4	7.4	3	5.6
その他の家族	13	24.1	10	18.5	7	13	2	3.7
自分も家族も	3	5.6	7	13	7	13	15	27.8
ヘルパー，その他	3	5.6	1	1.9	3	5.6	2	3.7
不明	1	1.9	3	5.6	2	3.7	0	0
不必要，その他	0	0	0	0	1	1.9	1	1.9
合計	54	100.0	54	100.0	54	100.0	54	100.0
合計								
自分で	44	28.4	55	35.5	83	53.5	71	45.8
配偶者	26	16.8	26	16.8	18	11.6	9	5.8
その他の家族	51	32.9	38	24.5	31	20	6	3.9
自分も家族も	12	7.7	24	15.5	13	8.4	49	31.6
ヘルパー，その他	7	4.5	1	0.6	4	2.6	15	9.7
不明	8	5.2	8	5.2	5	3.2	2	1.3
不必要，その他	7	4.5	3	1.9	1	0.6	3	1.9
合計	155	100.0	155	100.0	155	100.0	155	100.0

表10-6 コミュニケーションの方法

	1・2級で64歳以下				1・2級で65歳以上				3級で64歳以下				3級で65歳以上				合　計			
	外		家庭		外		家庭		外		家庭		外		家庭		外		家庭	
	実数	%	実数	%	実数	%	実数	%	実数	%	実数	%	実数	%	実数	%	実数	%	実数	%
手　話	40	75.5	31	58.5	0	0.0	1	4.8	4	14.8	3	11.1	1	1.9	1	1.9	45	29.0	36	23.2
身振り	28	52.8	18	34.0	10	47.3	6	28.6	2	7.4	1	3.7	2	3.7	2	3.7	42	27.1	27	17.4
補聴器	24	45.3	10	18.9	9	42.9	2	9.5	20	74.0	10	37.0	47	87.0	29	53.7	100	64.5	51	32.9
読　話	30	56.6	25	47.2	6	20.	6	28.6	5	18.5	3	11.1	1	1.9	2	3.7	42	27.1	36	23.2
発　話	25	47.2	20	37.7	5	23.8	7	33.3	9	33.3	8	29.6	6	11.1	11	20.4	45	29	46	23.7
筆　談	41	77.4	20	37.7	9	42.9	5	23.8	3	11.1	2	7.4	6	11.1	4	7.4	59	38.1	31	20.0
図・絵	12	22.6	5	9.4	2	9.5	1	4.8	0	0.0	0	0.0	0	0.0	2	3.7	14	9.0	8	5.2
キュウト	2	3.8	2	3.8	0	0.0	1	4.8	0	0.0	0	0.0	0	0.0	0	0.0	2	1.3	3	1.9
その他	2	3.8	3	5.7	1	4.8	0	0.0	1	3.7	1	3.7	1	1.9	1	1.9	5	3.2	5	3.2
不　明	0	0.0	4	7.5	0	0.0	2	9.5	0	0.0	2	7.4	0	0.0	3	5.6	0	0.0	11	7.1
合　計	204		138		42		31		44		30		64		55		354		254	
事例数	53	100.0	53	100.0	21	100.0	21	100.0	27	100.0	27	100.0	54	100.0	54	100.0	155	100.0	155	100.0

　地域の中で住んでいても，関係がまったく消えた中で生活している人がいて，そういう人たちが生活保護を受けています．社会の底ではそういう人間関係をもてない人たちも住んでいるのです．

　ですから聴覚障害者が関係をうまくもてない場合には，ともすると本当に関係がなくなってしまうことになりがちであることを知っておく必要があります．聴覚障害者同士が夫婦になっていると，手話でかなりの会話がなされている雰囲気が伝わってきます．それに対して親と住んでいる人の場合には会話がありません．手話ができる人たちは，聾学校等に通い手話は寮で覚えたということです．学校で教えてはいないです．親達には手話も，身振り，手振りもしてはいけないと学校の先生が禁止していたようです．

　親子のふれあいは，親から言葉を学び言葉を獲得して，親子それから友達との関係へ，社会的な関係に広がっていきます．それが教育上の必要から，口話法を会得させるためにということで，親子の間での会話，つまり手振り身振りによる会話さえも禁じられてきたことは，人格の形成上に大きな影響を与えているのではないかと思います．

〈職場生活そしてハンディ〉

　職場の中での人間関係がうまくいかないことをよく耳にします．聴覚障害はみえない障害で，耳が聞こえない人だということを周りの人がつい忘れがちになる．後ろを向いたまま「これやっといてね」と頼んでしまう．頼んだつもりでも，受けた方は頼まれたと思ってないので意志の疎通を欠くということになりがちなのです．

〈手話通訳者に求められるもの〉

　実際に物理的なことが生じると共に，成長過程においてハンディを負って生きていると理解することが必要なのです．私は手話を聴覚障害者の方はみんなができるんだろうと思ってしまっておりました．実際は手話ができる人は3割程度で，できない人の方が多いのです．中途障害の方と，小さい時から障害を負った人でも，これまでの間に修得する機会に恵まれなかった方は手話ができないのです．

　調査を通していろんな人たちに会いました．今の比較的若い層の場合には手話は一定のレベルに達しています．しかし聴覚障害者として考えますと1人ひとり状況が違うと共に，教育のレベルも違います．手話通訳といっても通じない人たちもいることを知っておく必要があります．その人たちがなにを求めているのかを理解するのも，手話通訳者の人たちに求められています．

　いま例に出したことが実現するには，かなり時間がかかると思います．同時に人が生きていく日常生活は，日々同じことの繰り返しであります．しかし日常生活の繰り返しの中に喜びや悲しみがあります．人が生きていくことに対する理解や共感がないとだめでしょう．

2. 手話通訳が確立するには

次に，手話通訳が確立する条件に話を移させていただきます．

〈労働と評価〉

仕事は手足を動かして何かをやればそれが仕事です．普通私たちが働くのは，会社に雇われて働くことをイメージするわけです．

一定の報酬をもらって働くことが通常いわれるところの仕事です．ここでの話は「福祉の仕事と手話通訳」と書かれている場合のこの仕事の意味であろうと思います．

仕事をして一定の収入が得られる関係は，今の私たちの社会では普通のことになっています．

時代をさかのぼれば仕事と報酬とは，必ずしも結びつくものではありませんでした．自営業が多い時代には，生活がとにかくなりたてばいいということで，1人ひとりの仕事とそれに見合う収入という関係でとらえていたわけではありません．

今は，同一労働，同一賃金というような言葉があるように，その人が行う労働の中身によって，その労働がきちんと評価されます．「福祉の仕事と手話通訳」と表現されている場合はそのような意味であろうと思います．

手話通訳に求められるものはただ手話ができるというだけではありません．かなり付き合いを深めないと，その人が本当にいいたいことはわからないのではないでしょうか．本当のところがわかるくらいのつき合いをして，その人の本当に求めているものを通訳できることが重要です．

手話の熟練度がどういう段階を経て高いレベルに上達していくのか，私はよくわかりません．平均的なレベルのところで，手話通訳士というのは一時間いくらであるとみなさんが感じている金額があるかもしれない．しかしそれを現実に手に入れることができているかどうか．そういう報酬が得られているかどうかとなると，苦労のわりには報われない感じをもっていらっしゃ

る方のほうが多いのではないでしょうか.

〈手話通訳労働の値段〉

仕事の難易度と報酬とは，これは一致しない場合があります．1つの物には1つの値段．一物一価の法則といいますが，働くことも労働能力を販売しているのです．1つの商品，働くことも1つの商品と考えられて値段がつきます．

社会を組み立てている仕事のたいていのものが，一定の幅の中にあります．その仕事の難易度と，仕事に対する社会的な評価，その仕事をやりたい人が多いか少ないかがもう1つ加わります．いろいろな要素が加わりますが，だいたい大方の職業が一定の値段をもっているのが，この高度に発展した商品社会の中での仕事の特徴なのです．

それに対して手話通訳が一定の幅の中に入る仕事かどうかが，まず問題として明らかにしなければならない点です．今の手話通訳者の従業上の地位，雇用の身分，正しくは「従業上の地位」といいます．常雇で仕事ができる手話通訳士の方は，日本の中で少ないです．常雇で仕事ができている方が多くなれば，一定の幅の中で賃金が決まり，社会的にきちんと組み込まれた仕事になります．

目下のところ，手話通訳とは社会的にちゃんと認知された仕事とはなっていないと考えます．重要な仕事ではないといっているわけではありませんので誤解しないでください．この社会福祉関係の仕事の中にケースワーカーの仕事があります．まだまだ社会福祉全体が，日本では十分社会的に必要な仕事だと認められていません．手話通訳士の仕事が認められていないだけではなくて，社会福祉の仕事全体が認められてないのです．

社会福祉士だとか，介護福祉士の資格制度が作られました．しかし，社会福祉士，介護福祉士という資格者を公務員として採用する考えはないのです．

ハンディキャップをもっている人，年をとった人，そういう人のサイドから物事を考えることを日本の場合にはほとんどしてきていません．

〈現状を正しくとらえよう〉

いま辞書を作る仕事を任されています．私の分担の中に「生活権」という項目が入っています．一体全体「生活権」などと誰がいったのでしょう．ほんとうに1つの熟語として「生活権」という言葉が日本で定着しているのでしょうか．「生活権」といわなくて「生存権」という言葉でいいのではないかと私は思います．

建設省から障害者にとってのバリアフリーな町づくりを調査研究としてやって欲しいと委託されました（代表者大野勇夫）．すべての障害者にとってのバリアフリーな町づくりといわれて，しみじみと道路をみるようになりました．しかし日本の歩行者用道路はほんとうに悪いです．

日本の国は国全体が治まればいいという考え方が強いのですね．個々人ではないのですね．ですから住民が自分の住んでいる国が，自分を大切にしてくれるためにはどのような政策が必要かを選挙で問わなければなりません．しかし，選挙に行かない人が多いのが現状です．

スウェーデンの投票率は9割です．9割だと，9割の人間が「NO」といえば「NO」に決まります．日本では「NO」という反応が国民から出てこないのです．ですから，1人ひとりが生きていくことを大切にする社会福祉が全体として発展してこないのです．

このような現状を正しくとらえ，手話通訳の仕事を考え，手話通訳士としての技量を高くすることです．

何かいろいろなことに困っている人があり，そういう人たちに何とかしてあげなければということで生まれたのが社会事業です．そのように，事業として新しく働きかけ作り出していくこと，これが社会福祉の基本です．

手話通訳は認められず，評価が低いからいまやめようというふうにはお考

えにならないでしょう．みなさん自身の技量を向上させながら，それと共に手話通訳の必要性が社会的に認知されていくようにしていかなければなりません．

そのためには単にPRすることだけではなくて，制度として作られていく必要があります．

〈ボランティアの奨励〉

1級，2級，3級というヘルパーの養成講座があります．淑徳大学は2級のヘルパーの講習を千葉市から引き受けてやってきました．1回のヘルパー講習をやり，歩留まりがどのくらいあるのか考えますと，あまりに悪くて，どうもいやだなぁと考えたくなるような状況です．ホームヘルパーとみなさんの手話通訳とは多少違うかもしれません．しかしそういうボランティアがひじょうに奨励されても結果そうなっています．

社会福祉の中味は大きく2つの種類に分かれます．一つは高齢者と児童です．誰でも子ども時代を過ごし，誰でも年をとるようになりました．国民一般に関わる社会福祉の分野と，その他に公的扶助，障害者福祉とかお年寄りの要介護状態になった方等の分野がもうひとつあります．お年寄りの介護も最近はかなり長くなりました．20年は覚悟しないといけないかもしれません．これはほんとうに長いですね．

障害を負うと，もっとずっと長い一生それを負いながら，場合によってはさらに障害が重くなることの不安を抱えながら生きていかなければならないのです．そういった障害者に関わる仕事として手話通訳があります．しかし一般的な条件は十分ではありません．

今まで福祉サービスは，公的な機関ないしは公的な責任をもってサービスを提供していく，公共性が必要だといわれました．いまは社会福祉法人という民間の施設の方に，利用者を振り向けています．そこで支払われる賃金は，公務員の賃金の半分くらいです．長くやってその技術も高まり，良い仕

事ができる事はあまり歓迎されません．

　介護福祉士や社会福祉士という資格制度ができた事はご存知でしょう．皆さんは手話通訳士の資格があります．この資格がどのように活かされていくのでしょう．仕事としての手話通訳が社会的に確立する条件は何なのか考える必要があるでしょう．あなたが知っている障害者にあなたの手話通訳の技術を役立ててあげてほしいのです．

　国際障害者年でこの10年間はひじょうに関心をよびました．そういう状況の中でも手話通訳士を社会的に打ち立てていくことは正直に申し上げて厳しいです．「社会福祉」が言葉では格好よくいわれています．そして「社会」の文字がとれて「福祉」とよくいわれています．福祉というのはすべての人の幸せを考えるものだということで，ひじょうに楽観的なムードが社会福祉の世界にみなぎるようになりました．

　しかし，社会福祉は常に社会事業の側面をもっています．社会事業は必要性を感じた人がそれをやらざるをえないと思う中で行動し，切り開いてきました．そういうものが社会事業といわれました．だからこそ，そこで働く人たちは，自分達こそが社会的に認めさせていくものだと考え，頑張らなければなりませんでした．

　私は手話通訳の養成も，はっきり手話通訳者の養成というプログラムの1つとして制度化していくことが必要だと考えます．ボランティアの養成プログラムもあっていいのですが，それを制度として打ち立てていくことが必要です．同時に，この手話通訳士の仕事が社会的に認知されたものになることが必要だと考えております．

　ともあれ，人と繋がることを楽しみながら，「継続は力なり」と考えてやっていくしかありません．「みなさん，がんばってやってください」というのが私の最後のみなさんへのエールです．

表10-7 自分の考えが家族に通じるか

	1・2級で 64歳以下		1・2級で 65歳以上		3級で 64歳以下		3級以下で 65歳以上		合 計	
	実数	%	実数	%	実数	%	実数	%	実数	%
大体通じている	37	69.8	11	52.4	15	55.6	33	81.1	96	61.9
半分くらい通じる	9	17.0	1	4.8	4	14.8	6	11.1	20	12.9
あまり通じていない	4	7.5	5	23.8	5	18.5	9	16.7	23	14.8
わからない	0	0.0	1	4.8	0	0.0	1	1.9	2	1.3
不　　　明	1	1.9	3	14.3	1	3.7	5	9.3	10	6.5
該当せず	2	3.8	0	0.0	2	7.4	0	0.0	4	2.6
合　　計	53	100.0	21	100.0	27	100.0	54	100.0	155	100.0

表10-8 初めての場所へ行く方法

障害程度　方法	1・2級で 64歳以下		1・2級で 65歳以上		3級で 64歳以下		3級以下で 65歳以上		合 計	
	実数	%	実数	%	実数	%	実数	%	実数	%
タクシー	8	15.1	1	4.8	3	11.1	4	7.4	16	10.3
バス・電車	34	64.2	5	23.8	17	63.0	20	37	76	49.0
誰かと一緒	17	32.1	8	38.1	7	25.9	23	42.6	55	35.5
自家用車	10	18.9	3	14.3	4	14.8	3	5.6	20	12.9
その他	2	3.8	4	19	3	11.1	5	9.3	14	9.0
不明	0	0.0	3	14.3	1	3.7	1	1.9	5	3.2
合計	71		24		35		57		187	
件数	53	100.0	21	100.0	27	100.0	54	100.0	155	100.0

3. 質疑応答

質問…行政の調査はコンサルタント会社に全部委託して，障害者，当事者の実態をあまり吸い上げていないように感じました．先生が調査のご専門ということなので，調査の実態を少しお伺いしたいのです．

川上…習志野市でどうして聴覚障害者の実態調査をすることになったかにつ

表 10-9　一人で旅行するか

	1・2級で64歳以下		1・2級で65歳以上		3級以下で64歳以下		3級以下で65歳以上		合　計	
	実数	%	実数	%	実数	%	実数	%	実数	%
する	20	37.7	3	14.3	4	14.8	10	18.5	37	23.9
しない	33	62.3	16	76.2	22	81.5	43	79.6	114	73.5
不明	0	0.0	2	9.5	1	3.7	1	1.9	4	2.6
合計	53	100.0	21	100.0	27	100.0	54	100.0	155	100.0

表 10-10　友達の数

	1・2級で64歳以下		1・2級で65歳以上		3級で64歳以下		3級で65歳以上		合　計		平均値	
	実数	%	実数	%	実数	%	実数	%	実数	%	実数	%
なし	5	9.4	5	23.8	6	22.2	17	31.5	33	21.3	8.25	16.7
1-3人	10	18.9	8	38.1	7	25.9	12	22.2	37	23.9	9.25	26.3
4人以上	32	60.4	6	28.6	12	44.4	21	38.9	71	45.8	17.75	43.1
人数不明	6	11.3	0	0.0	2	7.4	3	5.6	11	7.1	2.75	6.8
不明	0	0.0	2	9.5	0	0.0	1	1.9	3	1.9	0.75	2.9
合計	53	100.0	21	100.0	27	100.0	54	100.0	155	100.0		

いては，たまたまいろいろな要素がうまく合致したのです．

　障害福祉課のケースワーカーの人たちが，障害者の実態を知りたいと考えたこと．私や大野先生という社会福祉の専門で調査に関心がある者が比較的親しい関係にあったことです．それに手話通訳の団体の方たち，通訳士の人たちも習志野市に援助しましょうということになったのです．この三者の協力関係がまたたく間にできあがりました．私がひじょうに感動したのは，通訳の人が手話を使えない人の言いたいことを理解してしまうことでした．回収できなかった人はいつ行っても留守で，そこに住んで居られる様子がないのです．そういう方が調査できなかっただけで，ほとんど全数回収したといって良いくらいの回収率でした．213人が聴覚障害者全

表 10-11 卒業した学校

専攻科	1・2級で64歳以下		1・2級で65歳以上		3級以下で64歳以下		3級以下で65歳以上		合　計	
	実数	%	実数	%	実数	%	実数	%	実数	%
ろう学校	41	77.4	0	0.0	1	3.7	1	3.7	43	27.7
内訳　高等部	(24)								(24)	
専攻科	(11)				(1)				(12)	
小学校	2	3.8	11	52.4	6	22.2	36	66.7	55	35.5
中学校	3	5.7	3	14.3	12	44.4	12	22.2	30	19.4
高等学校	1	1.9	2	9.5	2	7.4	2	3.7	7	4.5
大学	1	1.9	0	0.0	6	22.2	1	1.9	8	5.2
就学中	2	3.8	0	0.0	0	0.0	0	0.0	2	1.3
不明	1	1.9	0	0.0	0	0.0	2	3.7	3	1.9
就学せず	2	3.8	0	23.8	0	0.0	0	0.0	7	4.5
合計	53	100.0	21	100.0	27	100.0	54	100.0	155	100.0

員ということです．

質問…社会福祉を，専門職としてみる視点に欠けているとお話しされていましたが？

川上…福祉の仕事がどうして１つの小さな権利からしか出発しないのだろうと思います．福祉に関していえば，１つの理念がありそれを掲げ，それを拠り所として制度化が進んでいる所があります．しかし，理念と現実，運動が絡むかもしれないけれども，その中で福祉の仕事がきちんと位置づけされていかない現実があります．そこで悔やしい思いをされているようです．

質問…長崎市の福祉事務所と市の障害福祉センターで手話通訳の仕事をして

表10-12　社会参加

	趣味の集まり		老人クラブ		会社の親睦会		観劇・コンサート		絵画展・博物館・映画館		聴覚障害者の会	
1・2級で64歳以下												
よくいく	3	5.7	0	0.0	17	32.1	7	13.2		18.9	16	30.2
ときどき	5	9.4	3	7	8	15.1	12	22.6	20	37.7	9	17.0
いかない	38	71.7	39	73.6	23	43.4	29	54.7	21	39.6	21	39.6
不　明	7	13.2	11	20.8	5	9.4	5	9.4	2	3.8	7	13.2
合　計	53	100.0	53	100.0	53	100.0	53	100.0	53	100.0	53	100.0
1・2級で65歳以上												
よくいく	1	4.8	5	23.8	0	0.0	0	0.0	0	0.0	1	4.8
ときどき	0	0.0	1	4.8	0	0.0	3	14.3	1	4.8	1	4.8
いかない	17	81	12	57.1	16	76.2	15	71.4	16	76.2	15	71.4
不　明	3	14.3	3	14.3	5	23.8	3	14.3	4	19.0	4	19.0
合　計	21	100.0	21	100.0	21	100.0	21	100.0	21	100.0	21	100.0
3級で64歳以下												
よくいく	5	18.5	0	0.0	7	25.9	3	11.1	5	18.5	1	3.7
ときどき	2	7.4	2	7.4	4	14.8	9	33.3	5	18.5	5	18.5
いかない	18	66.7	20	74.1	11	40.7	13	48.1	14	51.9	19	70.4
不　明	2	7.4	5	18.5	5	18.5	2	7.4	3	11.1	2	7.4
合　計	27	100.0	27	100.0	27	100.0	27	100.0	27	100.0	27	100.0
3級で65歳以上												
よくいく	12	22.2	22	40.7	5	9.3	3	5.6	2	3.7	0	0.0
ときどき	2	3.7	3	5.6	1	1.9	11	20.4	8	14.8	4	7.4
いかない	33	61.1	26	48.1	26	48.1	34	63.0	36	66.7	41	75.9
不　明	7	13.0	3	5.6	22		6	11.1	8	14.8	9	6.7
合　計	54	100.0	54	100.0	54	100.0	54	100.0	54	100.0	54	100.0
合　計												
よくいく	21	13.5	27	17.4	29	18.7	13	8.4	17	11.0	18	11.6
ときどき	9	5.8	9	5.8	13	8.4	35	22.6	34	21.9	19	12.3
いかない	106	68.4	97	62.6	76	49.0	91	58.7	87	56.1	96	61.9
不　明	19	12.3	22	14.2	37	23.9	16	10.3	17	11.0	22	14.2
合　計	155	100.0	155	100.0	155	100.0	155	100.0	155	100.0	155	100.0
平　均　値												
よくいく	5.25	12.8	6.75	16.1	7.25	16.8	3.25	7.5	4.25	10.3	4.5	9.7
ときどき	2.25	5.1	2.25	5.1	3.25	8	8.75	22.7	8.5	19.1	4.75	11.9
いかない	26.5	70.1	24.25	63.2	19	19	22.75	59.3	21.75	58.6	24	64.3
不　明	4.75	12	3	14.8	9.25	52.1	4	10.6	4.25	38.7	5.5	14.1

表10-13 障害の特徴

等級・年齢	項目	障害の特徴
1・2級で64歳以下	（初診年齢） （卒業した学校） （コミュニケーション方法） （手話通訳の依頼） （家庭内疎通） （自分の家事） （社会参加） （人間関係など）	0歳から9歳までがほとんど ろう学校に長期に在籍 手話がほとんど 依頼する．しないものもいる． 「大体通じている」というものが多い 電話の受信2割のものが「自分で」・市役所への用事は「自分で」が多い 病院の受診において手話通訳などを利用する． 参加度は少なくない，平均を上回っている． 友達が多い
1・2級で65歳以上	（初診年齢） （卒業した学校） （コミュニケーション方法） （手話通訳の依頼） （家庭内の疎通） （自分の家事） （社会参加） （人間関係など）	0歳から4歳のものと55歳以上のもの ろう学校はなし，ほとんどが義務教育のみ，不就学5人 手話使えない，筆談や身振り 依頼ほとんどなし 「あまり通じていない」が他の群に比して多い 電話の受信「自分で」はほとんどなし・市役所の用事「自分で」は3割 病院の受診は家族と一緒が多い．手話通訳利用せず 参加の度合いが他の群に比して最も少ない 友達なしが多い，友達少ない
3級以下で64歳以下	（初診年齢） （卒業した学校） （コミュニケーション方法） （手話通訳の依頼） （家庭内の疎通） （自分の家事） （社会参加） （人間関係など）	18歳から54歳多い，中途難聴 義務教育のみが多いが大卒も6人 補聴器の利用・筆談，身振りを合わせて使うものも 依頼全くなし 半数が「大体通じている」一方で3分の1が「通じているといえない」 対外接触については，1，2級のものに比して「自分で」が多い 趣味の集まりを除けば，参加の度合いは同年齢群の1，2級のものとほぼ同様かそれ以下 友達の数は平均に近い・職場で困っていることが，1，2級のものとほとんど同じくらいある
3級以下で65歳以上	（初診年齢） （卒業した学校） （コミュニケーション方法） （手話通訳の依頼） （家庭内疎通） （自分の家事） （社会参加） （人間関係など）	55歳以上が半分 義務教育のみがほとんど 補聴器の利用・筆談，身振りを合わせて使うものも 依頼全くなし 「大体通じているもの」が多いが「通じているといえない」ものも 対外接触については，1，2級のものに比して「自分で」が多い 趣味の集まり，老人クラブの参加の度合いは高いが他は平均より低い 友達の数は平均より少ない

いますNと申します．習志野市の実態調査の中で，聴覚障害者に関して等級が重度でも困難だとはいいきれないというお話がありました．具体的に実態調査の中であったお話をもう少し聞けたらと思います．もう1つ福祉の仕事をやっていくときに，その人が生きていくことについて，共感と理解が大切だというお話がありました．僕らも仕事しながら常々そう思っています．それが僕らの仕事の大事な専門性といえます．その仕事ができるために，共感と理解をふまえた仕事をしていけるために，どういう心構えが大切か，どういう視点を大切にしなければならないかもう少しお話が聞けたらと思います．

質問…私は手話通訳の仕事を専門とはしていない普通の行政，役所の中で仕事をしている事務職です．役所の中で福祉の専門職という位置づけがないのは，私自身いつも感じています．手話通訳を福祉の仕事としての専門性をもたせて，社会的な認知をさせていくためには，教育システムが確立されていません．これまで福祉の仕事に携わってきている人は，その時々に必要とされて即席で養成がされた．このように人に頼って生きているというのが日本の現状です．

　手話通訳の仕事にしても，いまようやく手話通訳士の制度ができました．この制度がどのような教育システムの中で行われているかといえば，まったく一貫した教育システムもありません．私たちの経験とか先輩から教えてもらったことや，聞きかじりの知識だけで動いているのが現状です．Nさんの方からお話があった，共感と理解という考えを基本にするためには具体的にどのような社会福祉に関する勉強をやっていったらいいのか，もう少し教えていただければと思います．

川上…日本の福祉の仕事はなかなか専門職として位置づけられません．専門的な一貫した教育も受けておらず，手話通訳も同じような状況にありま

す．どういう教育，どういうような勉強をしていくべきなのかという疑問です．

みなさん大きな問題を投げかけてくださいまして，これは大変であります．理念の確立といいますか，理念が出されてそれで現実が変わっていく．たしかに現実に歴史をみますとそういうときもありますが，そうでないときもあります．

大きく理念で変わるときは，歴史の大きな変わり目の時が多いのです．憲法第25条にのっとった社会福祉三法といわれる児童福祉法，身体障害者福祉法，生活保護法と3つの法律ができました．この3つの法律は，戦前の社会福祉の考え方，理念と比べた場合に180度転換ともいえる，すばらしい変化でした．

生活保護法での生存権の保障，児童福祉では「保育に欠ける」という普遍主義の考え方を出しました．日本の歴史でも戦後はひじょうに大きな理念の変化を経験しました．今，その変わりつつある方向が必ずしも良い方向に変わっているとはいいきれません．これが現状です．生活保護法に関してはみなさんいろいろ話を聞くと思います．あのような窓口チェックは，戦後の厳しい財政状況の中でも行われませんでした．しかし理念はともあれ，やるしかないというのが現場の実情です．

日本の場合に理念がなかなか確立しません．いまある老人福祉に関しての「誰でも，どこでも，いつでも」という言い方で，国民みんなのための福祉という理念がいわれます．誰でもといわれる中で，平均の所にしか目がいかないようになっています．いま日本で一番強調されている理念はどういうことかについて十分検討してみる必要があると思います．

児童福祉の理念も今大きく変わろうとしています．「措置」という言葉みなさんご存じでしょう．「措置」は「行政処分」であるといわれています．「措置」とは先ほどいいました福祉三法の中で使われています．「措置」は戦後ずうっと使われてきた言葉です．「入所措置」というようにで

す．いま「措置」は行政処分だという考え方がPRされてきています．

　行政処分といわれるとなんだかいやな感じがします．「私は処分されました」，悪いことをして処分されたということで，悪いことに「処分」という言葉は使われます．「措置」という言葉は行政処分という意味合いもあるでしょうが，なにより，同時に公的責任という「責任」という意味合いももっているはずです．いま児童福祉理念の変化の中でこの行政処分，措置＝行政処分という言葉が，しきりといわれています．

　今までのところ保育士が最も確立しています．いろいろな資格がありますが，どれも任用資格です．社会福祉主事，身体障害者福祉司とかいくつかの任用資格があります．それはいくつかの科目をとれば良い．社会福祉主事においては三科目主事といわれます．三科目とれば良いのです．これは専門職の教育システムとはいいがたいものです．

　ひじょうに長い間，福祉事務所の職員が三科目主事で良いとされたままでやってきました．私は公的扶助論の授業をもっております．「公的扶助論」という講義ならばこういうことを含むべきだという内容がシラバスとして指定されるようになります．しかし私はほとんど意に介さず，しゃべりたいような授業をしたいと考えます．ですから大学の先生側から大学教育と社会福祉士のカリキュラムとがどうなのかについて問題が常に提起されます．

　公的な責任と専門的なケアが必要です．あるいは専門的な対応が必要であるものに関しての教育システムが必要です．聴覚障害者に関しては手話通訳士です．視覚障害者に関しては歩行訓練士とか，歩行訓練士にしましてもシステムはないといえます．ガイドヘルパーも専門的に雇用されて，そういう施設や機関で働いている人もいます．しかしかなりボランティアに頼っています．その辺りの教育のシステムは手話通訳以上にいいかげんかもしれません．そういういい加減さは，まだまだほんとうに社会福祉の分野ではあちこちにあります．

やはりこれからとしかいいようがありません．家族が付き添いながら命を保つのであれば，そういう専門的なケアは必要ではないと考えられてきました．そうはいっても，もっと人間としてやりたいことができるように，その人の関係が広がるように援助するのは当然だと考えられます．そう考える人たちが手話通訳やら，歩行訓練に自発的に取り組んだりしているレベルです．

これからは家族が世話をすることがだんだん困難になっていきます．1つは障害者への教育が進んでいきました．この障害者の教育が義務教育化したのは本当に大きな成果だったと思います．義務化したことの与えるインパクトはひじょうに大きいものです．それの反作用として，手話通訳者の教育システムや，ガイドヘルパーの教育システムが確立することの必要性が叫ばれてきます．

理学療法士とか作業療法士という仕事が教育システムとしてできました．それは老人福祉と結びついているということと，それから命と結びつく医療とひじょうに関係が深いのです．日本の中で医療は特権階級です．聴覚障害者が手話通訳のサービスを購入するというのはひじょうに困難です．日本で家族と一緒に暮らしていても，障害者への年金は十分でありません．しかしその人の食費分くらいにはなるという考え方です．中途障害者が多い点で，1・2級の人は小さいときからの障害者ですから親が熱心です．

1・2級の人のことは親やあるいは手話通訳者が代弁する，要求することが多いです．それに対して3, 4級の人は中途障害ですから，サービスがあることさえも知らないことが多いのです．また障害があることを知られたくない．1・2級の人は小さいときから障害がありますから，今さら障害があることを知られたくないという思いはあまり強くもちません．

中途障害で障害になった方は，一般に，障害があることを知られたくない気持ちがものすごく強いです．先ほどすべての障害者にとってバリアフ

リーの町作りの仕事を受けているといいました．その調査で私が面接をした方は，視覚障害の方でいま3級ぐらいでした．まだ目がみえます．しかしひどくなると糖尿病によるものですから，手が壊死していきます．いまはちょっとしびれを感じ，手に力が入らない状況です．訓練学校に行ったけれども感覚がなくて手がうまく使えないので杖を使う訓練はすぐやめてしまったとのことです．しかし杖をもっていると，それをみた人が避けてくれる．だから杖をもっているとおっしゃるのです．「ではどこででももっていれば良いじゃないですか」というと，「いや恥ずかしいから」という答えです．私は2時間ほどお話しました．しかし，その2時間の間に恥ずかしいという言葉を何回連発されたでしょう．目がみえないことを自分が知っている人に知られたくないという思いがものすごく強かったのです．

あんなに恥ずかしいと思うものだろうかと思いました．公営住宅などに積極的に入るようにしたりすれば良いはずです．しかし役所に行って相談するのは恥ずかしいっておっしゃる．悪くならないという保証はないことは自分で十分承知していらっしゃるのですが，悪くならないようにとだけを考えて，そこで思考停止です．その方は，実際には3級しかもってないのですが，ほんとうは2級かもしれないし，あるいは1級かもしれないのです．

3級の方ということで訪問したら現れた人がかなり障害は重かったというようなことがままありました．社会福祉は，本来，お節介であり，それをお節介でないようにというところが難しいと考えています．みなさんにはそこが聞きたいところだいわれそうです．関心をもって何かしましょうというのはやはりお節介です．でもそのお節介も場合によっては必要なことです．先ほど倫理綱領について議論されておりました．一定の倫理性や，科学性に裏付けられたらお節介でないといえるでしょうか．そうではないと思いますが，そうとしかいいようがないというか，願うしかないと

思います．具体的な内容はケースバイケースです．

　自立して生きて行くのが人間本来の姿です．しかし，その自立は勝手にやりなさいという自立ではありません．自分で決めて自分で生きていきたいと思う，でも自分で決めたその中身が正しいとは限りません．先ほど例に挙げた視覚障害者の方は，訓練はしないということを自分で決めてしまっているわけです．その人が訓練を受けたいという気持ちに変えるにはどうしたらよいかといったことも重要なことです．

司会…今質問された3人の方どうでしょう？　教育システムに制度に関わるような問題ということもあるし，それから共感をもって仕事をするには，毎日のいろいろなケースを抱えていて，自分自身の気持ちをどうコントロールしていったら良いかなということがあります．理念のところで先生のお話を聞いていて手話に関しては，差別青研という第1回のろうあ青年研究討論集会，そこで差別に目覚めたろうあ青年が運動を始めたということを思いうかべました．国立のリハビリテーションセンターには1年間の手話通訳士養成コースがあります．それは不十分だとずいぶん全日ろう連などが，運動サイドでカリキュラムを作る取り組みをしたことを思いうかべました．

　私の担当の地域には1，2級の聴覚障害の方が，約220人いらっしゃいます．習志野市の調査は，155人を対象とされたということです．

川上…調査したのは179名でした．最初だけ答えてくれて中途から答えてくれなかった人がありました．有効な回答が得られたケースが155名です．学生が調査に行く場合には，地図を書いてもらって行きました．

　それから障害福祉課，老人福祉課，生活保護，社会福祉関係はすべてといって良いです．それぞれの課が市民とひじょうに近いのです．何か困ったことがあれば，市役所に行って相談すれば良いという考え方を，市民が

もっています．調査を受ける相手から市のことをどう思うかとを聞いたその反応で，そういうふうに判断するのです．

　他の市で，市に相談に行かれますかとか聞きましても，市になにを相談しに行くのと？関係ないというようなところが多いですよ．習志野市の場合，人口規模がちょうどよいことと，これまでの福祉各課の，積み上げでしょう．たとえば障害者の方で今晩状況が変わりそうだというようなときには近くの方や民生委員に，「夜ちょっとのぞいてみてくれ」とかをケースワーカーが頼むのです．市役所が非常に近しいものととらえられています．

　　　　　　　　　　　　　　　　（日本手話通訳者協会主催講演記録，1999年）

V 社会福祉と貧困

11 社会福祉と貧困

1.「低所得層」の大量存在と「不安定化」
(1) 不安定低所得層としての貧困

　世帯の賃金所得と社会保障制度の飛躍的改善の中で，社会福祉の対象としての貧困は否定されないまでも軽視され，具体的・個別的処遇という機能に社会福祉の固有性を求める考えが大勢を占めるに至っている．ここではそのような賃金と社会保障の一定の改善という事実をふまえながら，現代における社会福祉と貧困のかかわりを考察したいと考える．というのは，社会福祉は現在なお実態として強く貧困にかかわっているし，もし，貧困をその基礎に置かないならば，社会的な共通性を失い，ばらばらな諸施策，諸活動に解体し，個人的内的側面のみに視野が限定され矮小化してしまうことになると考えるからである．失業が社会保障制度を必然化させる社会的契機であったように（イギリスをみよ），貧困は社会事業を必然化させる社会的契機であった．現代的社会福祉のあるべき方向は，貧困の現代的特質をとらえ，それとの関連性のもとに考察されるべきであろう．

　今日の貧困の質的規定性の意味の増大から，貨幣量の大小としての所得水準のみでは単純に貧困を測るわけにはいかないといわれる．とはいえ，今日の貧困が質的規定性にのみ規定されるわけでもない．量的規定性と質的規定性の複合物として現代の貧困はあらわれている．

　従来から，貧困研究に関して，われわれが関心をもってきたのは次の2つの側面である．1つは貧困線に関連する諸問題であり，いま1つは貧困の形成に関連する諸問題である．なかでも，後者の問題の方によりウエイトを置いてきたが，それは，貧困を社会経済構造との関連のもとに資本蓄積に伴う変化の中から形成される動態的なものと考えてきたからにほかならない．具体的には社会階級・階層構成の変化に伴う貧困諸階層の量的・質的変化，貧

困原因の変化,社会諸運動・諸要求の展開とその影響等の諸局面と,それらの相互作用の結果としてある昨今の賃金と社会保障給付の一定の改善状況の中で前者の貧困問題に視野を限定するならば,貧困問題は解消しつつあるとする楽観的な認識も生じてくることになる.だから今日必要な観点は,資本主義の本質的に動的な性格に即して,後者の貧困の形成という側面から問題をとらえることであろう.その上で前者の貧困線の問題を考察するならば,「低所得」の意味も,より明らかなものとすることができると考える.

この節では,社会福祉と関連づけるために特に,次の2点をとりあげたい.1つは,「不安定・低所得層」の形成の必然性とその大量存在の問題.第2は世帯内的要因の貧困原因への転化の構造の問題である.狭義の社会福祉分野において,今日のニードとして,社会的経済的要因によりも属人的要因が強調され,いわゆるパーソナルサービス施策の展開が求められている.ところで,「不安定・低所得層」の概念についてはこれから述べてゆくが,同様の内容のものについてわれわれは種々の表現を用いてきた.「低所得層」「低所得階層」「不安定就業階層」そして「不安定・低所得層」であるが,それらは,問題意識と実証研究による認識の発展に応じたものである.特に「不安定就業階層」の概念は1962(昭和37)年の日本女子大学社会福祉学科紀要『社会福祉』10号に掲載した生活問題研究会の「都市生活と貧困研究その3」にはじめて示したが,就業の不安定性に基本的に規定される生活の不安定と低消費水準とする貧困規定は今ではかなり受け入れられてきているように思われる.ここで「不安定・低所得層」(以下低所得層という)とするのは単なる表現の変更にすぎないが,貧困は,基本的に就業に規定されるとはいえ消費生活に結果としてあらわれる一定の状態であり,生活次元における問題として提示されなければならないと考えたからである.

さて,現代の社会は,国民一般として等質化しているようにみえながら,その背後において堅固に階級社会として再生されており,階級的関係に規定される階層構造をなしている.平均賃金が上昇し,社会保障がいかに改善さ

れようとも，この階級・階層構造をつきくずすことにならない．反対にむしろ，階級構造は強化され，差別的な社会諸関係の固定化が促進されているのが今日の特徴である．そこで，われわれは，従来から上下の支配及び地位の序列関係として現象する階層構造とその下方における貧困諸階層の形成・層化のうちに，固定化した現代の貧困の拡大をとらえてきたのである．

「低所得層」は，不安定な，あるいは低賃金・低収入の就業に規定され，不安定・低所得の生活を営む諸階層の集合体である．われわれが国勢調査その他の資料を用いて「低所得層」として作業仮説として示してきたのは表11-1の通りである．つまり，雇用者についていえば，30人規模を限度とし，年功型賃金に乗ることができず，ボーナスもほとんどない．自営業でいえば，自営業としての経済的自立的基盤を失い，世代の再生産が行われず，経済の高度成長の中での投機性の高まりの中で，開廃業を繰り返すか，あるいは他の有利な転職がないままに，小零細業に緊縛されている．さらにそれらに極度の浮動的な諸階層が付け加わる．このような浮動的サービス職業のものや，日雇・パート等々である．これらの人々の経済的生活条件が基本的

表11-1 「不安定，低所得層」の構成

階層	内容
労働者階級	
生産労働者下層	鉱業，手工業，工業，陸上運輸，海上運輸，5—29人雇用者，建設業，5人以上雇用者，上記産業臨時雇用者
単純労働者	日雇的単純労働者，常用的単純労働者
商業使用人	商業1—4人雇用者，臨時雇用者
サービス業使用人	サービス業1—29人雇用者，臨時雇用者
家内労働者	手工業1人業主，工業1—4人業主，工業2—4人雇用者
自営業者層	
建設職人	建設1—4人業主，家族従事者1—4人雇用者
手工業者	手工業2—4人業主，家族従事者1—4人雇用者
名目的自営業者	行商露天商，サービス業1人業主，商業1人業主，ブローカー

に「不安定・低所得」であることはいうまでもないであろう．いまその人々の量を示すと表11-2の通りである．非農林漁業従事者，つまり都市的産業従事者の約3分の1のものが「低所得層」に属しているし，さらに，その中の8割のものは労働者階級である．この量の大きさは下層階層において，より経済的不安定性が増大したことであり，地域的な，あるいは職業的な浮動性・不安定性がますます強まってきていることを意味する．

このように，社会構成員の中で大きな割合を占める不安定・低所得層は，

表11-2 不安定就業階層，一般階層別構成 1975年

(単位 1,000人)

			実数	構成比
不安定就業階層	労働者階級	生産労働者下層	5,472	12.0
		単純労働者	3,206	7.0
		商業使用人	594	1.3
		サービス業使用人	1,480	3.2
		家内労働者	887	1.9
		小計	11,639	25.4
	自営業者	建設職人	594	1.3
		手工業者	607	1.3
		名目的自営業者	1,477	3.2
		小計	2,678	5.8
	合計		14,317	31.2
一般階層	労働者階級	生活労働者中・上層，官公	7,593	16.6
		販売，サービス労働者	2,756	6.0
		俸給生活者	13,366	29.2
		小計	23,715	51.8
	自営業者	建設・手工業者以外の自営業者	3,080	6.7
	合計		26,795	58.6
資本家階級			4,649	10.2
非農林漁業職業従事者 計			45,761	100.0

注：後掲第3表より作成

マルクスが相対的過剰人口の3つの存在形態の1つとして規定した停滞的過剰人口の，現代における具体的形態としてとらえられるものである．マルクスによれば資本蓄積の結果として必然的に相対的過剰人口がつくり出され，そして社会の底辺には停滞的で固定的な層[1]としての停滞的過剰人口が沈澱，堆積されるという．それは次のような特性をもつとされる．第1に過剰人口とは，「なかば就業している」または「まったく就業していない」[2]ものということである．第2に，中でも停滞的過剰人口は「その生活状態は労働階級の平均的標準的水準以下に低下」し，「労働時間の最大限と賃金の最小限とが彼等を性格づける」[3]と．つまり，停滞的過剰人口は，「就労と生活の両面における経済的不安定」という性質に特徴づけられているのである．

　過剰人口の形成は，1950年中頃以降の高度成長期のように資本の高蓄積が行われるときにも進行してきた．蓄積が資本の有機的構成の高度化と産業構造の変化を必然的に伴うものであるとすれば，蓄積の拡大につれて大量に「吸引」され資本関係の中に組み込まれた者が，そのままとどまることができず「反撥」され，過剰化されるからである．高度成長期のような経済が全体として上向きのときには，概して反撥されてもまた，吸引されるという流動的形態であることができるが，それでも反撥，吸引の過程は労働力の消耗，熟練の破壊という転落・停滞化への契機をはらんでいるのである．また，成長期においては，労働力を吸引するのは産業の基幹部分だけとはかぎらない．その周辺部の投機性の高い，それ自体不安定で泡沫的企業も簇生する．そこにおける雇用が高度成長期においても，時に高い収入を雇主と雇用者にもたらすことがあるとしても不安定であることにかわりはない．このようにして形成されるのが「不安定・低所得層」であるが，高度成長と平均賃金の上昇の中で，表11-3にみられるように，むしろ増大しているのである．それは，高度成長期の1950年代中頃以降の階級階層構成の変化をあらわしたものである．

　国勢調査等を用いて試算したものであるが，これまでにもたびたび発表し

表11-3 社会階級階層構成の変化

(単位 1,000人)

	1955年 実数	%		1965年 実数	%		1975年 実数	%	
15歳以上の就業人口	39,261	100		47,610	100		52,955	100	
農林漁業職業従事者	15,857	40.4		11,608	24.4		7,194	13.6	
非農林漁業職業従事者	23,404	59.6	100	36,002	75.6	100	45,76	86.4	100
Ⅰ．資本家階級	1,695	4.3	7.2	2,672	5.6	7.4	4,649	8.8	10.2
1. 会社経営者	333	0.8	1.4	805	1.7	2.3	1,046	2	2.3
2. 部門担当経営者	508	1.3	2.2	610	1.3	1.7	1,233	2.3	2.7
3. 小経営者	531	1.4	2.1	820	1.7	2.3	1,828	3.5	4
1) 建設，手工業の工業機械的工業，鉱，陸上・水上運送業者	303	0.8	1.3	398	0.8	1.1	790	1.5	1.7
2) 商業主	157	0.4	0.7	193	7.4	0.5	456	0.9	1
3) サービス業主	33	0.1	0.1	50	0.1	0.1	105	0.2	0.2
4) 家族事務員	43	0.1	0.2	179	0.4	0.5	477	0.9	1
4. 公安従事者	373	0.8	1.3	437	0.9	1.2	542	1	1.2
Ⅱ．自営業者層	4,682	11.6	20	5,552	11.7	15.4	5,758	10.9	12.6
1. 自営業者	3,329	8.6	14.2	3,933	8.3	10.9	4,281	8.1	9.4
1) 建設職人	320	0.8	1.4	375	0.8	1	594	1.1	1.3
2) 手工業者	647	1.6	2.8	741	1.1	2.1	607	1.1	1.3
3) 小商業者	1,824	4.7	7.7	2,056	4.3	5.7	1,959	3.7	4.3
4) サービス業者	393	1	1.7	603	1.3	1.7	974	1.8	2.1
5) 運送業者	35	0.1	0.1	49	0.1	0.1	51	0.1	0.1
6) 医療保健業者	110	0.3	0.5	109	0.2	0.3	96	0.2	0.2
2. 名目的自営業者	1,353	3.4	5.8	1,619	3.4	4.5	1,477	2.8	3.2
1) 一人親方	206	0.6	0.9	294	0.5	0.8	245	0.5	0.5
2) 小商人	433	1.1	1.9	421	0.9	1.2	317	0.6	0.7
3) 行商露天商	262	0.7	1.1	123	0.3	0.4	107	0.2	0.2
4) 仲買人	62	0.1	0.2	118	0.3	0.3	171	0.3	0.4
5) その他の雑業	390	1	1.7	663	1.4	1.8	537	1.2	1.4
Ⅲ．労働者階級	17,027	43.4	72.8	27,778	58.3	77.2	35,354	66.8	77.3
1. 不規則就業労働者	4,221	10.8	18	5,095	10.7	14.2	6,167	11.6	13.5
1) 単純労働者	2,121	5.4	9	2,768	5.8	7.8	3,206	6.1	7
2) 商業使用人	462	1.2	2	389	0.8	1.1	594	1.1	1.3
3) サービス使用人	946	2.4	4	1,187	2.5	3.3	1,480	2.8	3.2
4) 家族労働者	692	1.8	3	751	1.6	2	887	1.7	1.9
2. 販売・サービス労働者	975	2.5	4.2	1,551	3.1	4.3	2,756	5.2	6
1) 販売労働者	654	1.7	2.8	1,212	2.6	3.4	2,151	4.1	4.7
2) サービス労働者	321	0.8	1.4	339	0.5	0.9	605	1.1	1.3
3. 生産労働者	6,691	17.1	28.6	11,755	24.8	32.7	13,065	24.7	28.6
1) 下層生産労働者	2,624	6.8	11.2	4,089	8.6	11.4	5,472	10.3	12
2) 中層生産労働者	2,153	5.5	9.2	4,321	9.1	12	4,265	8.1	9.3
3) 上層生産労働者	1,268	3.3	5.4	2,405	5.1	6.7	2,543	4.8	5.6
4) 官公労働者	646	1.6	2.8	940	2	2.6	785	1.5	1.7
4. 俸給生活者	5,140	13	22	9,377	19.7	36	13,366	25.2	29.2
1) 販売俸給生活者	219	0.5	0.9	892	1.9	2.5	1,216	2.3	2.7
2) 下層事務員	914	2.3	3.9	1,778	3.7	4.9	2,651	5	5.8
3) 一般事務員	856	2.2	3.7	2,207	4.6	6.2	3,183	6	7
4) 上層事務員	365	0.8	1.6	834	1.8	2.3	996	1.9	2.2
5) 技術者	396	1	1.7	662	1.4	1.8	1,222	2.3	2.7
6) 自由業的俸給生活者	243	0.6	1	398	0.8	1.1	751	1.4	1.6
7) 教師	731	1.9	3.1	912	1.9	2.5	1,314	2.5	2.9
8) 医療俸給生活者	203	0.5	0.9	332	0.7	0.9	828	1.6	1.8
9) 官公俸給生活者	1,213	3.2	5.2	1,362	2.9	3.8	1,205	2.3	2.6

資料：国勢調査報告　「職業分類不能」は含まない　事業所統計

てきた方法により，75年分を試算した作業結果である．1955年[4]から75年にかけての変化は，資本の高度蓄積を反映して，資本関係への包摂の顕著な進展をあらわしている．農漁村自営業者のいちじるしい縮小と都市自営業者の停滞，その反面において労働者階級は実に2倍強に膨張している．この間における労働需要がいかに大きかったかを物語っているわけだが，生産労働者上層，官公や俸給生活者のような，比較的上層の労働者が増大したわけではなく，われわれが「低所得層」に含めた生産労働者下層や単純労働者，商業，サービス業使用人，家内労働者等も一貫して増大している．65年以降には中層・上層生産労働者の増大はほとんどないないにもかかわらず，下層生産労働者はなお増大している．産業の中核部分への労働力の吸収が全社会的に進行した反面において，そこから反撥されたものが──直接的であれ間接的であれ──都市社会の底辺におりのように堆積してきているのである．

(2) 保護基準で測定した低所得層の大量存在

さらに，過剰人口は，完全な失業状態にあるものだけではない．前記したように「なかば就業している」ものが含まれる．くりかえされる「吸引」「反撥」の過程の中で有利な就業をみい出すことができなくなったものが，それでも労働力を販売させざるをえないために就労するのが，不安定な，あるいは低賃金，低収入の就労場面である．そこで，過剰化しているものの賃金は1人だけが生きてゆける単身者賃金にまで低下しうるし，さらにはほとんど0にまで低下しうるのである．賃金の下方への広がりは今日でも変わりはない．平均賃金が高まろうとも「過剰化」が資本蓄積により必然化される法則であるとするならば，労働者が賃労働者であるがゆえに本来的にもつところの「経済的不安定」[5]はつねに過剰人口なかんずく停滞的過剰人口にこそ集中的にあらわれるのである．

次の表11-4は，1972年という高度成長期の最高時点において東京都の平均的なN区について全世帯の生活水準の分布をみたものである．測定の

表 11-4 N区における生活保護基準に対する倍率にみた世帯の分布

	世帯数	%	左の世帯に含まれる人員数	%
0	4,679	4.6	8,642	3.1
0.2 未満	1,221	1.2	2,381	0.8
0.2〜0.4	2,235	2.2	4,785	1.7
0.4〜0.6	4,155	4.1	9,841	3.5
0.6〜0.8	6,693	6.5	16,529	5.9
0.8〜1.0	7,731	7.6	19,859	7.1
1.0 未満小計	42,142	26.2	62,037	22.1
1.0〜1.2	8,322	8.2	21,642	7.7
1.2〜1.4	8,651	8.5	22,634	8
1.4〜1.6	8,117	8	21,546	7.7
1.6〜1.8	7,392	7.2	20,396	7.2
1.8〜2.0	6,304	6.2	18,135	6.4
2.0 未満小計	38,786	38.1	104,353	37
2.0〜2.2	5,315	5.2	15,997	5.8
2.2〜2.4	4,384	4.3	13,534	4.8
2.4〜2.6	3,748	3.7	11,673	4.1
2.6〜2.8	3,054	3	9,670	3.4
2.8〜3.0	2,611	2.1	8,437	3
3.0 未満小計	19,112	18.8	59,311	21.1
3.0 以上	17,289	16.9	55,635	19.8
合計	101,901	100	281,336	100

注：「0」のものの人員数は推計により加工．ゆえに人員数の構成比は原表と異なっている．

基準としては生活保護基準を用いているが，保護基準と同じかそれ以下の所得水準の世帯が 26.2％という巨大な量に達することが捕えられた．そして，保護基準以下のものは所得 0 に至るまで間断なく分布しているのである．[6]
さらに，貧困の今日的特徴は不安定低所得層の生活が，これまで述べてきたような就業の不安定性に規定されるだけではないことである．現代生活の社会的標準化により不安定性は増幅される．現代における勤労大衆の消費生活

の特徴として一般に指摘されるのは，第1に消費欲望の増大と商品化の進展，第2に生活構造の等質化，第3に社会的強制的支出の増大である．これらの傾向は，換言すれば，社会階層毎の，収入にみあった，バランスのとれた，安定した生活が指向されているのではなく，家計の枠を超過しようとする圧力が常に働いているということである．「低所得」にとっては社会的標準的水準に追いつかなければならないためにこの傾向はさらに拍車がかけられる．収入は多ければ多いほど良いし，そしてそれは消費されてしまう．現に所持するお金だけでなく，ローンやクレジットという先取りの形でまで消費される．かつての米屋や八百屋の掛売りとは質も規模も違ってきている．このような家計の膨張赤字傾向に加えて現代の生活に緊張をもたらしているのは耐久消費財のストックとしての意義の喪失であろう．電化製品等は耐久消費財といえるかどうかはさておくとして，少なくとも生活が困窮したときの生活維持のための売却資産たりうるものではない．土地家屋にしても20年以上のローン支払いによって購入可能であるとすれば，それはストックではなく，フロー部分を増大させるだけのものであろう．このように生活水準と維持はますますフローの所得の大小と継続性いかんに直接的にかかわっているのであり，その意味では，ますます近代的家計に成熟しているのである．したがって，われわれが1961年にシェーマ化して示したように，貧困は貨幣量の大小によってとらえうるものにますますなってきているのである．[7] ただ，その貧困を測定する基準が，「質的規定性」を内容として含むものに変容したということである．

確かに，個々の家計収入は，家計の膨張圧力のもとに1955年以降の政策的につくられた経済の高度成長を背景とした「完全雇用」という条件に支えられて増大してきたといえるだろう．この問題における既婚女性のパート就業の伸び率はすさまじいかぎりである．いわゆる多就業化の進展であるが，家計収入を増やす方法はそれだけにとどまらないで，兼業化，副業化の進展がアルバイト，日雇労働市場の拡大につれて農家出稼ぎにかぎらず，都市の

下層労働者の間にまで拡っている．それが「家族内の努力」による所得の増大の実態である．ともあれ，いかに不安定な雇用ではあれ，雇用機会の増大という条件の中では家計所得は増大することができるのである．だが，ここには3つの問題が提起される．1つは，平均的には雇用の拡大により所得が増大したといえるとしても成員の個々にとっては不安定な雇用であるわけであるから，収入の不規則・不安定性につねに曝されているわけである．もっとも，いくつかの収入種類によって家計収入が構成されるようになってきているので，そのうちの1つを失っても収入がゼロにまでなることはない．それはネガティブな意味ではあるが生活のフレキシビリティであり激しい変動をこうむるとはいえ，失業による収入喪失が決定的な生活破綻として顕在化しないクッションとなり生活危機をみえにくくしている．第2に，これまでのような「完全雇用」を維持できるような経済成長が今後も可能であるかどうかである．「安定成長」といわれるが，今後の見通しは楽観をゆるさない状況にあり，特に「低所得層」にとっては，いつ喪失するかわからない不安定なものとなる．第3に，所得獲得のための家族内の努力＝多就業が家事労働と丸やかな家族内人間関係維持のための時間的基盤を喪失せしめてきている点も見落とすことはできない．

　平均的収入水準の上昇による生活の社会的標準化は，消費生活上の余裕を生みだしているようにみえながら，このように生活の種々の側面から生活の不安定性を増幅させ，「低所得層」の生活を危機に直結させるよう作用しているのである．

2. 生活問題を規定する世帯内的要因の構造

　近年，社会福祉界において，「貨幣的ニード」「非貨幣的ニード」というように二分して，「貨幣的ニード」は所得保障制度の改善により解消しつつあるという認識のもとに，「非貨幣的ニード」への対応が重視されなければならないとする見解が広がりつつある．そして，「非貨幣的ニード」は，「貨幣

的ニード」が社会経済的要因に規定されるのに対して,属人的世帯内的要因に規定されるとされている.つまり,世帯内の要因は福祉サービスニードを創出はするが,つまりある種の生活障害を規定するものではあるが,貧困原因または生活を危機におとしいれる要因とは考えられていないということである.そこでここでは世帯内的要因を生活問題—単なる生活障害であれ,極度の貧困であれ—を規定する要因として措定し,その構造と問題化の発現過程について明らかにし,内的要因がいかなる意味をもつのかを考察することとする.

さて,世帯内の要因を,生活問題を規定するものとして,初めて解明を試みたのは B. S. ラウントリーであろう.ラウントリーはブースについで,1899 年に貧困の量の測定を行うとともに,「直接的原因」に注目し,低賃金,不規則就業,失業といった社会的経済的原因と病気,多子,老齢といった世帯内の要因に分類している.さらに 1936 年の第 2 回調査では,当時の経済状況を反映して一方で失業問題の重大性を指摘しているが,他方で家族員数,家族内の就労状況,世帯主の年齢といった世帯内諸要因と消費水準の関係を詳細に分析し,世帯内の諸要因が生活問題を規定する側面とその仕方を明らかにしている.ラウントリーの業績として何よりも評価できる点は,貧困を特殊な社会層の問題に閉じ込めないで,不熟練労働者一般の生活問題の次元へ,世帯内的要因の解明を媒介として拡げた点である.ライフサイクルのシェーマはつとに有名である.その認識のもとに,自ら共済組合をもちえない不熟練労働者を対象の中心にすえて,イギリス社会保障制度が構築されることになったのである.われわれが先に示した「不安定・低所得層」の概念はラウントリーがとらえた「不熟練労働者」と同様の拡がりをもつ概念であることを断っておきたい.

だが,ここで注意しておきたいことは,その拡がりは不熟練労働者一般への拡がりであって,国民一般への抽象的・無概念的な拡がりではないことである.不熟練労働者の生活問題が貧困と密接につながっているがゆえに,貧

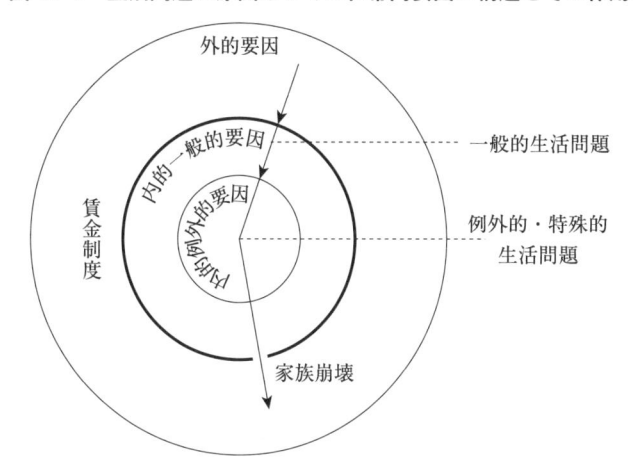

図11-1 生活問題の原因としての世帯内要因の構造とその作用

```
         外的要因
           ↓
    ┌─内的一般的要因─┐········ 一般的生活問題
    │  ┌内的例外的要因┐│
賃金  │  │            ││········ 例外的・特殊的
制度  │  │            ││        生活問題
    │  └            ┘│
    └─              ─┘
           ↓
         家族崩壊
```

困は不熟練労働者の生活問題なのである．ラウントリーの貧困原因の分析から世帯内諸要因への理論的な展開の道筋がそのことを物語っている．生活問題を生起せしめる諸要因は，生活障害や生活困難といった比較的軽程度の状態をもたらす要因であるとともに，決定的な生活破綻を招来する危機的要因＝貧困原因にも転化するのである．

では，生活問題を規定する諸要因の構造を図示することにしよう．それは図11-1のようである．

この図はごく一般的に静態的に考えられる生活問題を生起する諸要因の分類と，その作用の方向を矢印で示したものである．第1に資本主義社会における生活問題の担い手として労働者世帯を典型として考える．労働者世帯においては，種々の生活困難は原則として，その世帯の枠の中で処理されなければならない．いわゆる自助の原則である．その意味で労働者世帯の枠組みを太い線で表現している．第2にその枠組の外側にあるのは資本主義社会であり，そのもとにおける賃金制度である．それは，労働問題・都市問題という形をとりながら労働者生活に影響を及ぼす．それらは労働者世帯にとって

外的要因ではあるがむしろ生活を規定する基本的な要因である．第3に労働者世帯にとって内的要因は一般的要因と，例外的要因にわけられる．一般的要因とは労働者世帯一般のライフサイクル上に生じてくる養育・教育・老齢といった生活困難と生活基盤となる住宅，誰にでも比較的高い確率で考えられる傷病という生活事故等が考えられる．例外的要因とは障害，主たる稼得者の死亡あるいは離婚とかといった例外的・偶然的要因・事故である．

このように内的要因を一般・例外というように二分することは生活問題の性質の違いと種々の関連性を明らかにする上で必要である．外的要因と2種の内的要因との関連，換言すれば，世帯内の単なる一要因にすぎないものが，その世帯の生活を困難ならしめ，遂には崩壊にまで至らしめる社会的事故となるメカニズムを具体的にとらえるためである．老齢や障害や母子はそれ自体が問題であるはずはない．それらはその世帯のいわば一自然的属性にすぎないものであるが，現代社会の条件の中で生活問題をひきおこす社会的要因に転化するのである．

さて，一応図11-1のように諸要因を分類できるとして，重要な点は，くりかえしになるが各々の要因が独立して生活問題を生みだしているのではないということである．矢印の方向で作用し，外的要因と一般的要因との結合関係によって一般的生活問題が発生し，外的要因と例外的内的要因との関係によって例外的生活問題が形成される．

だが，さらに重要なことはそのような静態的相互関係にとどまらないことである．劣悪な労働条件は内的一般的要因を通常以上の早さで事故に転化するであろう．また，長期の傷病や老齢期は，傷病や老齢という本来的には一般的要因であるものを例外的，特殊的要因に変容させてゆくだろう．そして例外的要因は一般的要因以上にはるかな容易さをもって，政策的ささえがなければほとんど全面的に特殊的要因に転化される．社会的に特殊化されるのは資本主義社会が平均概念で律せられているからである．それゆえに社会事業は主として例外的特殊的要因に対応して来たのである．以上のように外的

要因も，一般的内的要因も時間的遅速をふくみながら特殊的要因へ収斂していく傾向をもつのである．一般的要因であるはずのものが社会的に特殊化されてゆく．「低所得層」にとってはこの道筋はより太く，より早いことはいうまでもない．そしてそこから脱出の方途も少ないのである．

　そしてさらに，この社会的特殊化の方向は生活の単位であり，基盤であるところの家族による世帯の枠組みをやぶって，その特殊的要因を世帯の外へ表出させるところまで進んでゆく．その表出過程において家族全体が崩壊することもあれば，特殊的要因をもつものだけを外へ追い出すこともある（孤児，孤老，単身障害者，傷病者）．排出しない場合には家族全体が極度に困難な状況におちいることとなる．この3つの形であらわれる過程は，概していえば，社会的階層転落を伴う過程であり，かつ，欠損家族，特に，単身世帯を生み出してゆく過程であり，孤児，孤老，単身傷病者・障害者問題として表出することとなる．特殊的要因を家族内に抱えこんでいるために世帯全体が貧困状況にあるという第3の形態は資本主義のよりはやい時期にみられ，社会の高度化につれて家族崩壊，問題をかかえる者の単独排出という形をとるようになってきている．生活保護層の世帯類型における老人世帯の増大，稼働者のいない世帯の増大，単身世代の増大などの一連の変化はそのあらわれといえよう．家族ぐるみの貧困から，単身老人，障害者問題等としての表出への変化は，貧困問題とはまったく質的に異なる問題へかわったようにみえるわけだが，これまでのことから明らかなように同じ生活問題を規定する社会的特殊要因のあらわれ方の単なる相違にすぎないのである．その意味で，老人，障害者，母子等が社会福祉の今日的対象の「範疇」とされているわけだが，その人々が特殊なパーソナルケアを必要としているという表面にあらわれている側面をとらえるだけでなく，それらの人々が基本的に貧困原因を内蔵しているという認識が基底とされなければならない．

　それとともに，老齢，障害，母子といった要因が現実に貧困原因に転化するのには，一定の社会経済的条件があることもおさえておかなければならない．

3. 貧困と社会保障・社会福祉

このように，社会階層転落や家族崩壊を伴う生活問題の社会的特殊化への過程は種々の段階を経過しながら進行してゆくのである．これらの段階のどのレベルにおいてどのような社会的施策が対応するかは歴史的段階によって，各々の国の特殊性によって異なっている．自由主義段階における救貧法や慈善事業は局所的に対応したものである．国独資段階の現代においては，対応する問題のレベルは上昇，拡大し，内容的にも多様化している．つまり，生活問題への社会的対応策は社会福祉のみというのではなく，社会保険，社会扶助，公教育，公医療，公住宅制度等からなる包括的な社会保障制度となっている．その中にあって最終次元における対応策であった救貧事業が一定の変容をこうむるのは当然である．

では，今日社会保障制度の中で社会福祉はどのような位置づけが与えられたのであろうか．

図11-1に即して考えるならば，生活問題を生起する一般的内的要因に対しては一般的政策が，例外的要因に対しては特殊的，具体的政策が対応するというように一応整理することができるだろう．一般的政策とは，社会保険（年金を含む）や児童手当制度，医療制度，公教育制度などであり，特殊的具体的政策とは，障害者福祉や母子福祉などである．このように，相互関連させるならば社会福祉はいうまでもなく例外的特殊的要因に対応するものということになるが，障害者福祉や母子福祉における所得保障の面を年金制度（障害年金，遺族年金）なり，社会扶助（児童扶養手当）なりの形で所得保障の中に包摂させるとするならば，社会福祉は，例外的要因に関連するサービス給付に内容が限定されることになるようにみえる．わが国において近年とみにクローズアップされてきている老人福祉においても年金制度の一応の整備の後に核家族化，既婚女性人の就業化が進行することになった事情のために，サービス給付に関する制度的改善・拡大が強く要請されるようになって

いる．

　しかも，そのサービス給付を必要とするものが低所得に限られず，一般階層のものへと拡大してきているのである．老人・養育という要因は世帯に共通な一般的要因であっても，従来は，家族内で解決されるべきと考えられ，特殊的要因に転化したレベルにおいてのみ，例外的に対応されてきたものである．今日では，それが一般階層の一般的生活障害として老人福祉，保育所要求に拡大一般化してきているのである．

　さらに一般化の要求は施策の量的側面に限らない．処遇内容の質的改善の要求が，劣等処遇の原則という人格差別原則 Selectivity の克服をめざして生まれてきている．施設の社会化や幼保一元化，障害者教育におけるインテグレーションの考えなどである．いずれも「一般化」をめざした要求だといえるし，いずれもサービス給付に関連している．以上のような動向からすれば社会福祉は，一般階層までも一様に対象とする社会保障制度の中の，個別的具体的なサービス給付という機能にこそその独自性があると主張され，所得給付の対象問題である経済的貧困は社会福祉の対象から後退させて認識されることは根拠のないことではないかもしれない．

　だが，現時点において一般階層におけるサービス給付の要求や処遇の質的改善を要求する社会福祉運動の動向を考慮するとしても，社会福祉の主要課題をサービス給付という機能に限定することに賛同するわけにはいかない．

　世帯の一般的要因を例外的特殊的要因に転化し，社会的特殊化する力は，まだあまりにも大きいと考えるからである．特殊的要因への転化の過程は，前述したように貧困を随伴した「貧困化」の過程である．この2側面を機械的に切り離すことは，貧困の蟻地獄のような谷間へ人々を落ちこませ，自分を見失わさせしめることになるだろう．[8] 社会的特殊化する傾向のある問題およびそれらの問題をになう人々を，その時々において対象とし救済するという社会事業の歴史が示してきた基本的な視点の行方を，その必要性が真に払拭されたのかどうか，みきわめることが必要だろう．

表 11-5　生活に関連する諸問題の分類と生活保障の諸政策

規定要因	問題 本来的内容	問題 転化され追加される問題=貧困問題	政策 本来的, あるべき政策		政策 現　状（例）
外的要因 A 労働問題 都市問題	賃金, 雇用, 労働時間, 労働災害, 住宅, 公害, 交通災害, etc		A' 社会政策 都市政策		労働基準法, 雇用法, 最低賃金法, 労働者災害補償法等による諸制度, 公団公社住宅, etc
内的要因 B 一般的要因・事故	老齢, 養育（教育）, 傷病, 中途障害, 稼得者の死亡		社会保障	B' 社会保険 医療保障 社会扶助（家族手当, 無拠出年金）	健康保険法, 厚生年金法, 共済組合法, 国民健康保険法, 国民年金法, etc
内的要因 C 例外的要因・事故	障害, 離婚, 多子	低賃金, 低収入, 失業, 住宅, 老齢, 養育, 傷病, 障害, 死亡	社会保障 社会福祉	C' パーソナル・サービス	福祉年金, 児童手当, 公営住宅, 世帯更生年金, 貸付制度, etc
D 社会的特殊的要因		低賃金, 低収入, 失業, 住宅, 老齢, 傷病, 障害, 死亡, 離婚, 多子	社会福祉	D' 公的扶助	老人福祉法, 児童福祉法, 身体障害者福祉法, 精神薄弱者福祉法, 母子福祉法, 児童扶養手当
					生活保護法
					無政策

　ともあれ現代の生活問題と政策の対応関係を整理すると表 11-5 のようになろう．

　問題の分類については問題発生の要因の性質によることをすでに説明した．ここで再度強調しておきたいことは，問題が発生の本来的レベルにおいて発現するとは限らないで，一般的レベルから例外的レベルへ，さらには特殊的レベルへと転化し，より下位のレベルに追加されることである．そして転化は貧困化であり，貧困としてあらわれる場合には単なる生活障害といった類のものではなく，より深刻な生活困難または生活破綻となる．それゆえに問題に対する対応も，歴史的にたどれば最下位のレベルへの対応であると

ころの「救貧法」から始まったのである．

　このように問題が転化するために，そして転化がその時々の社会経済条件（政策を含む）によってさまざまであるために，現実の問題と政策の関係も複雑となり交錯せざるをえないのである．そこで現実の関係をみるには本来の関係を整理しておくことが必要であろう．問題の本来的内容のものが本来のレベルであらわれると仮定するならば政策もそれに応じてより本来的なものとなるだろう．つまり A の労働問題，都市問題には A′ の社会政策，都市政策が，B の内的一般要因による生活問題には B′ の社会保険や社会扶助等の一般的政策が，C の外的要因に対しては社会福祉が対応する．とするならば，D′ の公的扶助を本来の社会政策体系に含ませることに疑問が出されるかもしれない．また，社会福祉を内的例外的要因にのみ対応させることにも老人へのパーソナルサービスや児童福祉，とりわけ保育所事業を考えるならば疑問に思われるだろう．

　本来の政策とは資本主義の経済制度の枠の中で，発展方向として考えられうるものである．つまり，いかに発展しようとも D′ の公的扶助としての対応の必要性は，縮小はしてもなくならないし，老人のパーソナルサービスや保育所へのニードは発生レベルとしては一般的レベルであっても，それへの政策対応は「例外」という性格を付与し，次元を下げて対応されがちである．社会福祉は自助原則の修正ではあっても止揚ではない．

　本来的・発展的には以上のような政策体系になるとして，それに日本の現実の諸制度を対照させてみると表 11-5 の最後の欄のようである．そこからわかることは生活保障のための諸制度が数多く多様であることであるが，ここであげている制度も一部にすぎない．第 2 に A 及び B から転化された問題への対策が相当みられること．第 3 に諸制度を B′ C′ D′ の各々に的確にふりわけられないこと，つまり中間的な性格の諸制度が過渡的・妥協的につくられてきているということである．社会福祉の発展方向を考察しようとする場合，以上のような諸制度の総体を考慮に入れなければならないことは

いうまでもない.

　くりかえしになるがAの問題をA′の政策によって，Bの問題をB′の政策によって十全に対応し解決することができるならば，C′の領域及びD′の領域は縮小することができるのである．しかし，現実には，転化され追加される問題領域は，表11-5のように段階的に拡大され，すべての問題が最終段階にもちこまれる．そしてそれには生活保護制度が対応する．生活保護者は1980年現在稼働能力のない世帯へ質的に変わったといわれる．老人世帯，母子世帯，障害世帯，傷病世帯等で大かたが占められ，低賃金や失業のため生活保護費のより生活費を補充されなければならないような世帯数は激減したといわれる．そのこと自体は統計的にその通りであるのだが，だからといって貧困が対象でなくなったわけではない．老人世帯は老人世帯であるだけではなく貧困世帯である．母子世帯も母子世帯だけではなく，同時に貧困世帯である．他の世帯類型についても同様である．その意味は，いずれの世帯の類型においても，現に勤労収入がなく，過去からの勤労収入の蓄えもないことが生活保護を必要とする根本的理由であるからである．そして，経済給付だけでなく，現物給付も，サービス給付も，同時に求められている．貧困化し，要救護性をもつものを，最終レベルにおいて生存という極限的事態にかかわり救済するという生活保護制度の基本的性格にかわりはない．

　この事実は，いい古されてきたことであるが，一般的要因に対応する一般的政策および，本来的例外的要因に対応する特殊的政策が各々のレベルにおいて問題を十分理解できていないということであり，そのため「代替」としての，あるいは「補充」としての社会福祉，公的扶助制度が必要とされているということである．しかし，上位のレベルの政策の「限界」にのみ社会福祉や公的扶助制度の必然性を求めることは誤りである．生活問題の一般的レベル，本来の例外的レベルの各々において政策として対応しようとしたとしても，政策の財政的限界もさることながら，資本蓄積過程において必然的に形成される相対的過剰人口の動的性格と賃金の低さ—そのため社会保険に加

入できないかまたは保険料拠出のため控除が不十分にしかできない—に規定されて，諸要因・諸事故の下降的転化力を押し止めることは不十分にしかできないのである．ましてや階層性の強い日本の社会保険の現状では，一般階層においてはある程度その下降力は阻止しえているとしても，「低所得層」の場合には社会保険は小さな，ごく短期間の事故にしか有効でなく，下降的転化力はなお依然として大きく作用している．しかも，平常時における生活水準は，現在なお，ラウントリーが貧困調査の中で労働者家計の状況を形容した"struggle"（苦闘する）という言葉がそのままあてはまる状態である．

　政策に対する経済法則の優位をいささか強調しすぎているようにみえるかもしれないが，また，究極的には最終レベルにまで転化してゆくのだから最終レベルの対応策である公的扶助制度のみを改善拡充すれば良いとする主張のようにみえるかもしれない．そうではなくて，各レベルの諸政策をより発展させてゆかなければならないことには変わりない．いまだ，低いレベルでしかない社会福祉政策は，さらなる充実がのぞまれることもいうまでもない．生活保護法からの精神薄弱者福祉法，老人福祉法，母子福祉法の分化は社会的特殊化されていた問題を本来の位置へ上昇的に戻す過程的作業であると評価できるし，福祉のタイトルだけではない，実効ある内容のものに改善されてゆくべく政策側面からのさらなる努力がのぞまれるのはいうまでもないことである．

　だが，われわれがここで重視しなければならないと考えるのは，「不安定・低所得層」に対する政策的配慮である．欧米においては，Relative Deprivation という概念で貧困をとらえなおすことによって，生活条件の全面的な洗い直しが行われているようである．そして，種々の生活条件の格差の総合として，Deprivation の現状を明らかにしようとくわだてられているようである．それは1つには貧困を生存水準（生存のための生活必要物資の欠乏）によって測るのではなく，社会的標準からの乖離としてとらえざるをえないという先進国における現実からの要請を反映するものであろうが，他方

において，現代生活が多側面的なものであり，それぞれの側面において格差を固定化するように作用しているという反省をこめた認識に基づいているように思われる．

ひるがえってわが国の場合，貧困問題も格差問題もほとんど提起されていないように思われる．むしろ，国民生活が中流化＝均等化しているという認識のもとに国民一般が遭遇する病気や老齢・死亡という特定事態への社会保険による対応や，受益者負担による社会福祉サービス，私的相互扶助や援助，つまり横の再分配と自助が強調されてきている．だがわが国においても，格差は厳然として存在しているし，社会保障制度は，貧困も格差も解決してはいない．やはり，同じように，格差を固定化する方向にあるといえよう．多くの研究者によって指摘されてきたように，わが国の社会保障制度は階層性を有しており，そのため，最後の下支えとして生活保護制度が社会的に重要な意義をになわされているが，その生活保護は，保護基準が上昇しても受給者は増加しない．ということは，生活保護制度でさえ一律に，「無差別平等に」生活保護基準をナショナルミニマムとして保障していないということである．保護基準以下のものが生活保護者以外に存在しないわけでは決してない．表11-4として前掲したように，東京都のN区における全世帯を対象とした生活水準の測定によると，26.2パーセントの世帯のものが生活保護基準以下の所得であった．そうであるにもかかわらず，N区の保護率は0.9パーセント程度である．適用率（take-up率）は実に30分の1程度になる．ちなみにイギリスにおける適用率はおそらく70～80パーセントであるという．保護基準はすべての人に認められている水準である．それは保護を必要とするものの権利であるばかりではなく，社会的に公認されている水準である．ナショナルミニマムの意味はすべての人々の生活がそこを起点とすることができる．ところが26.2パーセントもの人々が市民社会においての容認できない状態（Unacceptable Inequality）に取り残されているのである．

このような事実をふまえるならば格差の固定化，関係の固定化に対する反

省がわが国においても重要であろう．

　しかるに現在，経済成長の行き詰まりと赤字財政化という状況の中で「福祉見直し論」が横行している．それは否定論ではなく，行き過ぎの見直しであるとされているが，なにびとであろうと今や社会保障，社会福祉の現代社会での必要性を否定するわけにはいかないのだが，その見直しの方向は次のような考えに立脚しているように思われる．第1は社会福祉の需要者は，ノン・エーブル・ボディードであり，エーブル・ボディードではない．第2に，賃金水準は高水準に達しているので，社会保険は横の分配機能を強めて生活上の事故にそなえ，かつサービス給付に関しては受給者負担が妥当である．第3に，国家は福祉の全体に責任をもつことはない．国民の主体的努力によって，福祉国家ではなく，福祉社会が創造されるべきである．

　実に，みごとな「自助原則」の現代的復活であるが，そのことをここで論じるつもりはない．問題はそれらが想定している福祉の対象像が，一方で中流国民であり，他方でノン・エーブル・ボディードという自然的内的ハンディキャップのものであり，この二極に抽象化されていることの問題である．この小論の第1項目において，現代の社会構造の特性は国民一般に一元化されないこと，すなわち「低所得層」の形成の必然性とその困難な生活状況を述べ，第2項目において生活問題を規定する内的諸要因が，それ単独で生活問題を生起するのではなく外的要因との結合によること，さらに諸要因が転化して社会的特殊的要因となることを述べた．以上のことをふまえるならば，予防性・治療性を標榜する現代の社会保障，社会福祉は「低所得層」の生活問題をこそ中心課題に据えるべきであろう．そうするならば，縦の再分配の強化や救貧としてでなく，防貧策におけるナショナルミニマムの確立が現在重要であることが明らかとなろう．つまり，なによりも「不安定低所得層」の生活基盤の確立である．不安定・低所得層にあっては，特定事態ではない常態における生活のレベルアップと，さらなる転落の防止の両者が必要である．常態におけるレベルアップは転落の防止にもなる．具体的には縦の

再分配は貨幣形態で行われるだけでなく（福祉年金，児童手当，児童扶養手当等の社会扶助は縦の再分配を強化する意味で拡大がのぞましい），住宅や医療や教育といった現物形態の給付が労働市場への影響力が小さいことからも有効であろう．さらに，現在の所得保障体系の中では最後の下支えである生活保護適用の徹底化もさしあたり重要な課題である．このように予防と救済の政策が有機的に結合された基礎の上にパーソナルサービスが展開されるならば，より本来の内容のものとなることができるだろうと考える．

(江口英一編著『社会福祉と貧困』法律文化社，1981年)

注)
1) 停滞的，固定的とは特定の職種や地域に停滞または固定しているというのでは必ずしもない．同類的な職種間移動や地域間移動はむしろ激しい．停滞的，固定的とは一般階層への上向的移動の困難性の意味である．
2) K・マルクス（長谷部訳）『資本論』日本評論社，第4分冊，p. 158
3) 前掲書，p. 163
4) 社会階層の概念と作業方法についての説明は，日本女子大学社会福祉学科生活問題研究会「都市生活と貧困の研究　その1」江口英一『現代の低所得層』下，未来社，に詳しい．1975年分は淑徳大学生高橋まゆみさん，颯田靖子さんの作業協力による．
5) 江口英一教授は論文「貧困研究の視角」(『大河内一男教授還暦記念論文集』有斐閣，昭和41年所収)の中で貧困の本質は「経済的不安定」であると結論されている．
6) 「都市の社会階層構造とその変動」1973年3月，東京都企画調整局より．その要約は江口英一・川上昌子「大都市における低所得不安定階層の量と形態，および今後について」，季刊『社会保障研究』9巻，4号
7) 日本女子大学社会福祉学科生活問題研究会「都市生活者の社会構成と貧困」『社会福祉』8号，p. 4
8) 「探求的」意味

あとがき

　人々の暮らしは，それまでの日本資本主義が辿った歴史や日本の社会構造に規定されている．したがって裏返せば人々の暮らしには常にそれらが含み込まれているのである．

　個々人の，1人ひとりの暮らしの在り方を探っていけば，その人の在り方を規定している歴史的構造が透けてみえてくることになる．私がとってきた実証研究の方法は，現状を探り現実が指し示す方向にしたがって明らかにしていく．そのようにして明らかにされたものこそが「事実」であると私は考えている．

　本書の最後に掲載している「社会福祉と貧困」は，師である江口英一先生の還暦を祝すべく，教え子たちが集まり，江口先生により全体が構想された論文集『社会福祉と貧困』を出版することになった時に，執筆した論文である．それは，江口先生に御指導を受けて，調査や資料解析に従事しながら進めてきた実証研究のその時点での私なりの集大成である．その本は6版か，7版を数えたと聞いている．その本の初版が出た1980年頃には，社会政策学会や，社会福祉学会の研究者の中に貧困問題への関心がまだ残っており，江口先生の貧困論と，三浦文夫先生の「非貨幣的ニード」論の対比にたいして，関心が集まったということであろう．両者の間で論争らしい論争が行われなかったのは残念である．三浦理論は，その後，「福祉」改革の先導役を務めてきているのである．

　本書に集録した私の研究は，その時点の問題意識を出発点としている．「福祉」の幻想が振りまかれながら，公的責任に裏づけられた社会福祉はなし崩し的に後退を余儀なくされている．その中で，何が事実か，何が必要かを私なりに，多くの人々の協力の下に，いかほどかは明らかにできたと考えている．

だが，私の研究方法であった実証研究も，個人情報保護法と，生活保護関係の厚生労働省による調査報告書の廃刊により，調査の実施も統計資料の解析も非常に困難となった．社会福祉関係事業の民間化の進展は，それに加えて，何が，どれだけ，何処でなされているかを把握することを難しいものにしていくだろう．すべてに靄がかかり，「みえない貧困」を手探りででも探し当て，掘り出していくことが，これまで以上に困難となっていくだろうと暗澹たる気持ちになる．だが止めるわけにはいかないだろう．社会調査は，これも江口英一先生の手による編著であるが『日本社会調査の水脈』（法律文化社）に，脈々と受け継がれてきた様が示されている．これからもそうであることを，人々の生の息づかいが伝わってくるような調査が行われていくことを願わずにはいられない．社会の中の事実をとらえていく実証研究の営為が若い人たちにより引き継がれて行くことを切にねがっている．

　最後に，本書の出版を快くお引き受けいただいた学文社の田中千津子氏へ心からの感謝の言葉を申し添えたい．

　2007年2月

川上　昌子

江口・川上研究室調査一覧

1 日本女子大江口研究室調査 （川上が関係した調査に限定）

年次	テーマ・調査名	対象，方法，資料など	報告書・論文の有無
1959年	貧困研究の方法論のための基礎作業		
	戦前戦後の社会階層構成の比較	資・国勢調査（s 5, 25, 30），事業所統計	
	戦前戦後の貧困地図作製	資・東京市要保護世帯調査（s 8），資・都内4区福祉事務所資料	
	労働者の年齢，経験年数，勤続年数に関する分析	資・労働統計実地調査（s 2.5.8），賃金構造基本調査	
	エンゲルス『イギリスにける労働階級の状態』のデータの解析	資・エンゲルス『イギリスにおける労働者階級の状態』	○
1960年	戦前労働者の年齢，経験年数，勤続年数に関する職種別分析	資・労働統計実地調査（s 8）	○
	S. ラウントリーの貧困研究解析	資・ラウントリー『貧困-都市生活の研究』『貧困と進歩』	
1961年	零細企業の実態の把握　プラスチック成形工業調査	18企業，面接調査，労働者賃金台帳による個人データ分析	○
	C. ブース，ロンドン調査「貧困」の節の翻訳	資・C. Booth, *Life and Labour of the People of London*	
	民間日雇労働者生活調査	芝浦職安前での聞き取り調査	○
1962年	勤労者世帯における社会階層別エンゲル係数の特徴に関する分析	資・全国消費実態調査（s 34），収支票と世帯票の原票，勤労者世帯，391世帯	○
	都市周辺地区住民の生活調査	足立区興野町住民訪問調査，198世帯	
	貧困研究に関する資料リスト作成	国会図書館利用	
	失対労働者の状況把握	津，大牟田等聞き取り調査	○
	被保護世帯の位置づけに関する研究	都民政局資料による分析，被保護世帯生活実態調査，都民生活実態調査より	
1963年	低所得層から見た東京都地域特性の分析	資・厚生行政基礎調査はじめ区別データがとれる資料16種類の統計から	
	靴職人調査	足立区興野町居住の職人168人，訪問面接調査	
	被保護世帯生活調査，豊島区	200世帯，保護台帳からの分析	
1964年	被保護世帯生活調査，豊島区	100世帯，訪問聞き取り調査	○
	靴工場調査，労働者調査	浅草周辺64企業，訪問聞き取り調査	○
	小商店の立地条件に関する調査	国民金融公庫借受け商店，110店，9区，多業種について訪問聞き取り調査	○

1965 年	雇用構造の変化に関する分析	資・工業統計表,賃金センサス…就業構造基本調査,毎勤,個人商工業経済調査年報等	
	中小企業労働者の生活と意識に関する調査	北部一般労働組合員 572 人,自計式による	○
	失対労働者の労働と生活に関する調査	飯田橋分会の労働者	○
	団地生活調査(生活時間調査含む)	藤沢市,訪問面接調査	○
	内職調査	足立区,訪問面接調査	
1966 年	立場業調査(バタヤ調査)	東京都,58 企業の聞き取り,および稼働者属性一覧表作りの依頼	
	建設労働者の不安定性に関する調査	20 人,就労日誌の作製,ケーススタディ	
1967 年	生活保護基準による低所得層の量の測定と属性に関する分析	社会保障生計調査,世帯票原票,1095世帯	

2 淑徳大学川上研究室調査

1968 年	高齢者の再就職に関する調査	東京都高齢者無料職業紹介所利用者調査	
1969 年	低所得世帯の研究,生業費借受世帯調査	東京都社会福祉協議会,世帯更正資金生業費借受世帯面接調査 ケース	○
1970 年	保護廃止世帯の調査の分析	横浜市のケースについて,ケース・スタディ	
	山谷城北福祉センター相談ケース(日雇労働者)の分析	城北福祉センター相談ケースレコードの筆写と集計,1153 人	◎
	生活保護廃止世帯に関する調査	東京都全域,69 人,訪問聞き取り調査,全生連	
1972 年	保護基準をもとにした生活水準の測定	中野区課税台帳と住民基本台帳による分析	◎
	英国の国家扶助に関する分析	資・英国国家扶助年報,1948～1965 年	◎
1973 年	全国有料老人ホーム実態調査	有料老人ホーム事業者聞き取り調査,利用者聞き取り調査	
1974 年	農村生活と出稼ぎに関する調査	福島県岩代町,訪問面接調査,68 世帯	○
	老人福祉の在り方に関する調査	川崎市老人生活実態調査と,市役所資料の分析	○
1975 年	生活保護世帯調査(老人,母子世帯を重点に)	全国,1 級地と 2 級地数カ所の福祉事務所から提供を受けた 3 年以内に開始した 145 世帯	○
1976 年	第 2 回低所得世帯の研究,生業費借受け世帯調査	東京都社会福祉協議会,世帯更正資金生業費借受け世帯調査 246 世帯	○
1977 年	身体障害者雇用促進に関する調査	千葉市,20 企業訪問聞き取り	
1978 年	生活保護受給世帯調査	習志野市,訪問面接調査 249 世帯	

年	調査名	内容	
1979年	生活保護廃止世帯調査	習志野市, 訪問面接調査　165世帯	○
1980年	海難遺族世帯調査,	全国から選定した漁村, 1992年まで継続調査, 訪問面接調査, 関係機関からの資料収集	◎
	医療扶助受給世帯調査（通院者調査）	千葉市, 市川市, 訪問面接調査, 163世帯	○
1981年	一人暮らし老人調査	千葉市, 市川市　訪問面接調査, 89人	
	企業内保育所実態調査	千葉県38事業所,（企業内保育所ありと判明した事業所の全数）企業, 保母, 利用者の3側面	○
	低所得層の生計費通年変化に関する分析	全国生活と健康を守る会調査, 家計調査, 14世帯	○
1982年	不安定就業者に関する研究, ビルメンテナンス従業者調査	東京都老人総合研究所の調査の一環として, 職場での面接調査, 18企業153人	○
	更正施設に準じる施設, 潮見寮入所者調査	東京都, 施設内にて面接調査, 111人	○
1983年	老人生活調査	川崎市, 上智大学松崎粂太郎氏との共同調査, 訪問面接調査	◎
1984年	新住民の生活と意識に関する調査	千葉県松戸市新松戸, 訪問面接調査292世帯	○
	生活保護受給者調査	東京都練馬区, 訪問面接調査	○
1985年	老人生活実態調査	世田谷区, 訪問面接調査　1202人	○
1986年	老人生活実態調査	習志野市, 訪問面接調査, 1996世帯, 2759人	◎
	老人を含む世帯の生活水準に関する分析	習志野市資料による分析	○
1987年	60歳前後の独身女性の生活歴と将来に関する調査	独婦連加入者調査, 自計式	
1988年	病弱老人のケーススタディ	習志野市, 訪問面接調査, 335人からスクリーニング, 50人についての詳細な聞き取り	○
1989年	老人病院入院者調査	習志野市, A病院, 職員による調査票への記入	○
1990年	特別養護老人ホーム措置者に関する分析	習志野市資料による分析, 98人	○
	世帯更正資金借受申込資料の分析	東京都社会福祉協議会資料分析, 3090世帯	○
1991年	聴覚障害者調査	習志野市　聴覚障害者訪問面接　179人	◎
1992年	生活保護世帯について	文京区福祉事務所, 聞き取り調査	
1993年	肢体不自由者調査	習志野市　訪問面接調査　317人	
	千葉県在宅福祉の現状	千葉県, ボランティアサービスの地域地図	○
1994年	靴製造業従事者（職人）調査	東京都靴工組合加入者, 浅草, 訪問面接調査	
1995年	千葉県給食サービスの現状調査	千葉県社会福祉協議会, 聞き取り調査	◎

1996年	視覚障害者調査	市川市　訪問面接調査	
1997年	保育所利用者と利用状況調査	八千代市, 利用申込書の分析, 1220人	○
	児童扶養手当受給世帯アンケート調査	八千代市, 利用者498人, 自計式	○
	1人親と子育てに関する調査	八千代市, 51世帯, 訪問面接調査	◎
1998年	こどものいる世帯の生活水準分析	八千代市役所資料分析	○
1999年	東京都リハビリテーション病院退院者調査	東京都全域, 65ケース	
2000年	台東区ホームレス調査	台東区役所資料の分析	○
2001年	大宮市ホームレス調査	SSSの宿泊所に入所している77人。寮内での面接調査	○
2002年	川崎市ホームレス調査	食料支給事業相談時状況調査の分析 841人	○
		食料支給事業利用者面接調査　201人	○
		施設入所者調査, 面接調査, 187人	○
2003年	高齢者の食生活に関する調査, 幕張地区	訪問面接調査283世帯	
	習志野市, 市川市ホームレス調査, 路上調査と施設（SSS）調査	千葉県社会福祉協議会依頼による	
2004年	八千代市母子世帯調査再分析	八千代市, 51世帯	
2005年	習志野市, 生活保護就労自立支援に関する研究	就労求職状況管理台帳搭載の196人（保護世帯175世帯に含まれる）の分析と自立支援専門員からの聞き取り.	○
2006年	習志野市, 一般生活保護世帯と自立保護世帯の比較	2005年に続き, 台帳にないものも含めた保護世帯の分析, 台帳搭載者以外（80人）	

注：1968年以降淑徳大学へ転職したため，それ以降を川上研究室調査調査としているが，1968年以降においても，江口先生又はその他の研究者との共同調査が含まれている．他の研究者との共同研究には◎を付けている．

編者紹介

川上　昌子（かわかみ　まさこ）
1937 年　生まれ
1960 年　日本女子大学文学部社会福祉学科卒業
1971 年　法政大学社会科学研究科経済学専攻博士課程単位取得退学
2002 年　日本女子大学大学院人間生活研究科，博士号（学術）取得
現　在　淑徳大学教授
論文及び著書　「社会福祉と貧困」（江口英一編著『社会福祉と貧困』法律文化社）
　　　　　　　「社会構成の変化と貧困の所在」（江口英一編著『生活分析から福祉へ』光生館）
　　　　　　　『公的扶助論』（編著）光生館，2002 年
　　　　　　　『都市高齢者の実態』学文社，初版 1997 年，増補改訂版 2003 年
　　　　　　　『日本におけるホームレスの実態』（編著）学文社，2005 年

社会福祉原論読本

2007 年 2 月 18 日　第一版第一刷発行
2012 年 10 月 10 日　第一版第三刷発行

著　者　川　上　昌　子
発行者　田　中　千津子

発行所　〒153-0064 東京都目黒区下目黒 3-6-1
　　　　☎ 03(3715)1501　FAX03(3715)2012
　　　　振替　00130-9-98842
　　　　株式会社　学文社

検印省略
印刷所／シナノ印刷（株）
ISBN978-4-7620-1623-3

© 2007 KAWAKAMI Masako Printed in Japan
http://www.gakubunsha.com